美国国父列传：詹姆斯·麦迪逊
The Founding Fathers of America: James Madison

[美] 西德尼·霍华德·盖伊 (Sydney Howard Gay) 著　欧亚戈 译

图书在版编目(CIP)数据

詹姆斯·麦迪逊/(美)盖伊(Gay, S. H.)著;欧亚戈译.—北京:北京大学出版社,2014.1

(未名传记图书馆·美国国父列传)

ISBN 978-7-301-23488-4

I. ①詹⋯ II. ①盖⋯ ②欧⋯ III. ①麦迪逊, J.(1751—1836)–传记 IV. ① K837.127=41

中国版本图书馆 CIP 数据核字(2013)第 307863 号

HOUGHTON MIFFLIN AND COMPANY
The Riverside Press, Cambridge
Copyright 1901 by Sydney Howard Gay

书　　　名:	詹姆斯·麦迪逊
著作责任者:	[美] 西德尼·霍华德·盖伊(Sydney Howard Gay) 著 欧亚戈 译
出版统筹:	高秀芹
责任编辑:	苑海波　张善鹏
标准书号:	ISBN 978-7-301-23488-4/K·0994
出版发行:	北京大学出版社
地　　　址:	北京市海淀区成府路 205 号　100871
网　　　址:	http://www.pup.cn　新浪官方微博:@北京大学出版社
电子信箱:	zpup@pup.cn
电　　　话:	邮购部 62752015　发行部 62750672　编辑部 62750883 出版部 62754962
印　刷　者:	三河市腾飞印务有限公司
经　销　者:	新华书店
	880 毫米 ×1230 毫米　A5　7.875 印张　162 千字 2014 年 1 月第 1 版　2014 年 1 月第 1 次印刷
定　　　价:	29.00 元

未经许可,不得以任何方式复制或抄袭本书之部分或全部内容。
版权所有,侵权必究
举报电话:010-62752024　电子信箱:fd@pup.pku.edu.cn

目 录

001　第一章　弗吉尼亚的麦迪逊家族
013　第二章　年轻的政治家
023　第三章　进入国会
036　第四章　供职州众议院
048　第五章　弗吉尼亚立法机构
057　第六章　公共的纷扰与忧虑
065　第七章　制宪会议
072　第八章　"妥协"
084　第九章　批准《宪法》
094　第十章　第一届国会
111　第十一章　国家财政——奴隶制
126　第十二章　联邦党和共和党
142　第十三章　法兰西政治
158　第十四章　国会的最后一年
171　第十五章　居家——"98、99年决议"
184　第十六章　国务卿
193　第十七章　禁　运
206　第十八章　麦迪逊总统
219　第十九章　与英格兰开战
233　第二十章　尾　声

第一章

弗吉尼亚的麦迪逊家族

詹姆斯·麦迪逊1751年3月16日生于弗吉尼亚州康韦港，1836年6月28日逝于该州蒙彼利埃。约翰·昆西·亚当斯或许说过，他的父亲（约翰·亚当斯）和杰斐逊（逝世于弗吉尼亚）碰巧都在同一年的7月4日逝世，门罗也在一年之后的7月4日去世。他在为另一位弗吉尼亚总统的去世寻找某种同样适当的纪念仪式时，很可能已经找到了一种宽泛的礼仪。因为非常有可能，弗吉尼亚觉得麦迪逊在6月28日去世，是力求隐瞒弗吉尼亚人脑海中神的明确旨意——"总统之母"的所有孩子的死和生都与众不同，转而强调约翰·伦道夫津津乐道的"另一个王朝"不仅在这个世界上，而且在离开这个世界的方式上，都不再寻求和前任们一样。不管怎样，亚当斯把麦迪逊逝世的日期6月28日当成"一个纪念日，这一天弗吉尼亚议会批准了联邦《宪法》，此举令詹姆斯·麦迪逊的合众国

'宪法之父'的声名更加深入人心；同样是在 6 月 28 日，他尘世的躯体没有经过任何痛苦挣扎而进入坟墓，他那仿佛环绕全能上帝宝座的六翼天使般璀璨的精神，则上升到了上帝心中"。这段颂词的深刻与真诚毋庸置疑，尽管它的语法结构和修辞手法可能存在问题，并且日期也是错的。弗吉尼亚议会批准合众国《宪法》的时间是 6 月 25 日，而不是 6 月 28 日。我们时代的悲哀是，我们没有这样的伟人。这些人获得了人们普遍的敬重，以致像常人一样在普通日子里逝世都不可能。然而，半个世纪以前，这种顺乎天意的安排似乎早被认为是一种"惯例"。当时报纸上有一个传言，一位"名医"宣称，如果这位德高望重的病人得到他的治疗，合众国的第四任前总统可能会活到 7 月 4 日才去世。即使这位病人果真听到了这个建议，在当时的情况下，也很有可能他并不同意让一种致命的疾病延长一周，以满足公众对爱国主义巧合的喜好。不过，亚当斯先生对另一个纪念日的牵强附会满足了公众的所有这种期望，因为他在日期问题上所犯的错误似乎还没有被人发现。

康韦港成为麦迪逊的出生地纯粹是一个意外。他的外祖父名叫康韦，在康韦港有一个种植园。当时，年轻的麦迪逊女士正好去那里看望她的母亲，在此期间她的第一个孩子詹姆斯呱呱坠地。威廉·C.瑞维斯的《麦迪逊传》矫情地说，这位女士的教名叫埃莉诺。瑞维斯先生可能觉得，"龙生龙，凤生凤，老鼠生儿打地洞"，如此杰出的儿子，不可能由一位名叫勒莉的凡人孕育。但我认为，勒莉就是她的真名。我所知道的所有传记作者中，除了瑞维斯先生，没有人称她为埃莉诺。甚至在一份麦迪逊本人亲眼看过、亲手提交的文件中,他也允许将他的母亲称为"勒莉"。

1833 到 1834 年,麦迪逊和历史学家莱曼·C. 德雷珀之间有一些书信往来。这些信件中包括一部分关于麦迪逊家族谱系的记录。前总统写道,该家谱记录"由家族中的某位成员撰写"。因此,我们可以认为这些记录得到了他的首肯。第一份记录写道:"詹姆斯·麦迪逊是老詹姆斯·麦迪逊和勒莉·康韦的儿子。"在这份权威的资料中,他的母亲被称作"勒莉"而不是"埃莉诺"。当然,从瑞维斯的角度看,这有点遗憾。不过,一个半世纪前这个名字也许更不常见。毫无疑问,她的父母取名时,从未想到他们的女儿有朝一日会作为总统之母载入史册;或许也从未想过,女儿的出息会比成为拉帕汉诺克河边的烟草种植园家庭中受人尊敬的主人还要大。

这份家谱记录进一步写道:"他(麦迪逊)父母双方的祖先,都不属于当地的大富之家,但都过着独立、舒适的生活。"如果这段评论是得到了这位前总统的授意之后才添加上去的,反倒非常符合他朴实无华不事夸张的风格[1]。我们也许可以大胆断言,他的

---

[1] 德雷珀博士非常友善,把他和麦迪逊先生之间的通信交给了我们,我们复制了全部家谱记录、寄送家谱的信件,以及前总统关于自己祖先的全部说明。所载如下:

蒙彼利埃,1834 年 2 月 1 日

亲爱的先生:

您 12 月 31 日的来信收悉,现附寄一份您信中提到的家谱草稿,它由鄙家族中一位成员所撰写。

诚挚问候!

詹姆斯·麦迪逊

(转下页)

祖先与北部和西部的农民无异。但他们在弗吉尼亚并不以耕种营生，而是开设种植园。瑞维斯先生说老詹姆斯是"一个大地产所有者"。他还补充说："这是弗吉尼亚的一片大地产……它是一个微型邦国，有着自己的海外和国内联系，拥有日常管理阶层。""海外联系"就是每年一次用船只将几大桶烟草运送到伦敦的工厂去；"微型邦国"指黑人小屋群集；"管理阶层"则是指牧师更多地是待在客栈里，或奔波在路上，而不是在履行他的神职。

麦迪逊只提到他最亲近的几位祖先——这似乎也是他所知道的全部祖先——过着"独立、舒适的生活"，同样，他显然不太愿意谈到他自己，即便当时普遍认为，那些享受着自己名声的人士，

(接上页)

"詹姆斯·麦迪逊是詹姆斯·麦迪逊和勒莉·康韦的儿子。他于旧历1751年3月5日生于拉帕汉诺克河的康韦港，当时他的母亲正好去拜访居住在那里的外祖母。

"他的父亲是安布罗斯·麦迪逊和弗兰西斯·泰勒的儿子。他的母亲是弗朗西斯·康韦和丽贝卡·卡特利特的女儿。

"他的祖父是约翰·麦迪逊和小伊莎贝拉·托德的儿子。他的祖父母是詹姆斯·泰勒和玛莎·汤普森的女儿。

"他的外祖父是埃德温·康韦和伊丽莎白·桑顿的儿子。他的外祖父母是约翰·卡特利特和（？）盖恩斯的女儿。

"他的父亲是一个种植园主，居住的地方现在被称为蒙彼利埃，1801年2月27日逝于此地，享年78岁。他的母亲1829年2月11日亦在此去世，享年98岁。

"他的祖父也是种植园主。显然，他父母双方的祖先都不属于本地最富有之人，但都过着独立、舒适的生活。"

会发现他们的个人生活是最受欢迎的话题。为了回答德雷珀博士的提问，他写了这封措辞谦恭的信件，现在首次将其公之于众：

蒙彼利埃，1833年8月9日

先生阁下：

收到您6月3日的来函之后，我日益老朽，持续抱病，琐事缠身，致使迟迟不能复函，我必须向您表示深深的歉意；您所提之事，我早该在其他信件中予以回复。

您希望我提供关于我职业生涯的公开出版物的参考资料清单，我非常乐意效劳。但是，我重新收集的资料很不完整。宾夕法尼亚的罗杰斯将军（或法官）编撰的一本增补版书籍正好有一卷传记，也许里面就有我的名字。我不清楚这本书的出版时间和地点。关于这份参考资料清单，我还能补充的就是查阅选举期间政府和其他地方出版的报纸，当时我就是被关注的对象之一。不用我说，一个公共生活丰富多彩的人一定能在他所卷入的公共事务里找到其踪迹，此外他的最重要信息能在已经出版或即将出版的文献中找到。

诚挚问候！

詹姆斯·麦迪逊

（莱曼·C.德雷珀，洛克港，纽约）

这份家谱记录我们将在下文中详加分析，它仅仅追溯到麦迪逊先生的高祖父约翰。瑞维斯先生认为，这个约翰就是另一位约翰的儿子。他认为,"已经确证的、严谨的家谱研究"显示,1653年前后,约翰得到了切萨皮克湾沿岸的诺斯河与约克河之间的土地许可证。这位作者进一步断言,约翰就是艾萨克·麦迪逊船长的后代,该船长的名字曾出现在"记载着1623年北美殖民者名录的伦敦国家文献办公室里的一份文件上"。从《塞恩斯伯里日历》[2]中我们不仅了解到这些记录,还知道了艾萨克船长的更多信息。1623年1月24日有这样一份记录:"詹姆斯市鲍威尔船长,炮手,去世;努斯(?)船长、麦迪逊船长、克拉多克陆军少尉的兄弟,以及多名水手等主要人物,据报也已去世。"然而,要么这份记录并不完全准确,要么还有另外一位艾萨克·麦迪逊。因为艾萨克·麦迪逊这个签名出现在大约一个月之后的2月20日的一封信上,它由弗吉尼亚总督、理事会和议会递交给国王。在4个月之后的6月4日,仍然有着"艾萨克船长和玛丽·麦迪逊"的记录,他们是总督和理事会有关格雷维尔·普利和西塞莉·乔丹一案的证人,该案中这两个人在"她丈夫死后三四天"订立了"一份虚假的婚约"。然而,这位活泼的寡妇后来似乎"在总督和理事会面前解除了之前的婚约,转而同威尔·费拉尔订婚"。因此,这个案子变得复杂起来,法院"无法断清"。对于这件事,艾萨克船长和玛丽·麦迪逊究竟知道多少,记录并没有告诉我们;但根据这一事实可以得出结论,那就是如果1623年在弗吉尼亚只有一个艾萨克·麦迪逊,

---

[2] 《国家文献日历·殖民地卷·1574—1660》,保存在女王陛下公共记录办公室的国家文献部,由 W. 诺埃尔·塞恩斯伯里先生等著,伦敦,1860年版。

那么当年1月份他并未去世。很可能有且只有一个艾萨克，他就是瑞维斯所说的麦迪逊船长，他"功勋卓著"（瑞维斯语），在约翰·史密斯的《弗吉尼亚简史》中有简短描述。

除了《塞恩斯伯里日历》记载有这位弗吉尼亚的艾萨克在1623年1月去世的传言，2月份递交给国王的信中有着他的签名，以及6月份乔丹寡妇一案中他在理事会面前作为证人出现，除此之外，根据英格兰国家文献部档案里的《霍登殖民者名单》，艾萨克·麦迪逊船长和玛丽·麦迪逊1624年仍然生活在韦斯特－谢罗百里岛。第二年，他出现在该地死者名单上。同一日期，还有"一份关于30岁的寡妇玛丽·麦迪逊女士的花名册"。她的家庭成员包括"凯瑟琳·雷登，孩子，7岁"，以及两个仆人。可以设想，凯瑟琳就是这位寡妇玛丽和艾萨克船长的女儿，也是他们唯一的孩子。应该说，这些"花名册"显然一直受到很好的照顾；因此在这个寡妇家庭成员的统计名单上，不可能出现如果还有一个儿子的话，他会被遗漏，而小女孩和两个仆人的名字和年龄、他们抵达弗吉尼亚的日期，以及他们各自乘坐的船只名字，却全都详细记录在案。结论显而易见，艾萨克·麦迪逊没有男性后代，麦迪逊总统在弗吉尼亚的最早祖先，如果不是他的高祖父约翰，就得在艾萨克·麦迪逊之外另找他人。

瑞维斯先生根本不知道这些记录。他的《麦迪逊传》第一卷先于《塞恩斯伯里日历》出版，也比《霍登名单》出版得早。他所引用的存放于英格兰国家文献办公室、由"一位弗吉尼亚历史协会的杰出成员所作"的研究资料，尽管一直与"麦迪逊"有关，却并不完整,且毫无价值。显然,这个家族的起源并不"和殖民地的创建同属于一个时代",他们也并不属于到达"新世界的最早移民"之列。不能因为他是詹姆斯·麦迪逊就作此区分,也不能有任何理由设想麦迪逊自己认为可能会如此。麦迪逊似乎非常满足于这一信息——他的祖先仅追溯到他的高祖父,他们一直是受人尊敬的人士,"过着独立、舒适的生活"。

他这一辈有 7 个孩子,詹姆斯是长子,兄弟姐妹中只有他成就斐然,其他人则过着受人尊敬的富足生活。一百年前的弗吉尼亚田园,曾让巴克利总督由衷感谢上帝,全州没有一所免费学校、没有一家报纸的时代已成为历史。正如瑞维斯先生所告诉我们的,老麦迪逊决定,他的孩子得享有他本人未曾享受过的受教育权利,并且他的每一个孩子都应该平等地受到教育。詹姆斯被送往学校,在那里他至少可以为进入大学做准备。关于该所学校的校长,我们了解到的信息非常有限,仅知道他是一个名叫唐纳德·罗伯森的苏格兰人;此外,若干年后,他的儿子应聘时任国务卿的麦迪逊手下的一个职位时,这位老校长当年的学生心怀感激地回忆道,"应聘者是弗吉尼亚国王和王后县学识渊博的唐纳德·罗伯森先生的儿子",于是同意了这个申请。

麦迪逊进入大学的准备是在家里完成的,由教区牧师托马斯·马丁先生指导。马丁是麦迪逊先生家庭中的一员,他可能是一位私人教师,或者是寄宿在他家。非常有可能,正是采纳了这位从新泽西来的绅士的建议,小伙子被送往普林斯顿大学,而不是送往弗吉尼亚的威廉玛丽学院。不管怎样,1769 年他进入普林斯顿大学，时年 18 岁。或许我们不妨引用瑞维斯先生关于这件事的精彩描述："我们现在看到，这个弗吉尼亚小伙子，穿着展示他未来男子汉气概的成人服，踏上了职业训练的征程，为未来的人生战斗铸造自己。"

有一本传记写道，麦迪逊在一年之内完成了大三和大四两年的学业，缩短了他的大学生涯。但是，他在普林斯顿又待了 12 个月，研究希伯来文。他回到家中之后，着手教育他的兄弟姐妹，并继续自己的学业。另一本传记则声称，麦迪逊马上开始学习法律；不过，瑞维斯先生提出的证据表明，他投身于神学之中。这件事以及他投身希伯来文一年之久，都预示着他将选定牧师作为职业。然而，如果我们准确理解他自己所说的话，将会看到他当时并没有半点精力和心思选择任何职业。非常明显，他的第一个"人生战斗"是与糟糕的健康状况作斗争，他在前方所看见的职业生涯，则是通向另一个世界的快速之旅。1772 年 11 月，他在给一个朋友的信中写道："现在我的身体非常虚弱，无聊乏味，我在这个世界上看不到什么特别的事情，因为我觉得，这几个月来的感觉一直暗示着我，别期望有一个健康长寿的生活。尽管过段时间健康状况也许会好转，但我根本不敢有此奢望，因此我没有一点闲情逸致着手去做难以追求的任何事情，去做来世即使拥有了也毫无意义的任何事情。"在同一封信中，他告诉这位朋友，自己赞同他选择历史和伦理作为冬天学习的主题。然而他补充说："我不怀疑你安排它们作为这个季度的学习主题时，似乎怀有某种神圣性，就像把点金石放在合适的人手里，将会把它所有合理的要求变成自己的本性，使其比纯金还要有价值。"

此时他的最大爱好,似乎确定无疑就是宗教。他孜孜不倦地研究了《圣经》。瑞维斯先生说:"他透过浩如烟海的物证以及各种支持或反对的声音,研究了神父、诡辩论哲学家、直至18世纪的无神论哲学家,从各个角度探讨基督教的整个历史和证据。"对于一位只有二十二、三岁的年轻人来说,研究的神学领域范围如此广阔,令人惊奇。然而请记住,当时他是待在家中。120年前在弗吉尼亚一个普通种植园主的家中,能找到神学书籍如此丰富的图书馆,满足这样详尽彻底的研究,这更加让人惊讶。但是,在弗吉尼亚的历史上,没有什么是不可能的。

麦迪逊对于这个课题的研究不管是宽是窄,都结出了丰硕的果实。当时在他居住的地区附近,宗教迫害非常普遍,这激起了他真切而公开的反对。多年之后,这种反对也没有消退,直到弗吉尼亚的信仰自由通过法律建立起来,而这在很大程度上完全是他的努力和影响所致。甚至在1774年,当所有的殖民地都在为即将到来的革命冲突纠结不已时,他在给一位费城朋友[3]的信中也把此时讨论得如火如荼的重大问题抛到一边,以不同寻常的热情大声呼吁:

>   但是这无关政治!……那个残忍、邪恶的迫害念头在

---

[3] 我们引用的麦迪逊的这封写给朋友的信,就是写给费城的小威廉·布雷德福的,他后来成为华盛顿政府的司法部长。信件全文见《詹姆斯·麦迪逊文集·第一卷》。

很多人的头脑中肆虐；相对于他们永久的恶行，神父能提供同等程度的小恶魔，足以产生同样的后果。现在，邻县正好有五六个心地善良的人士被关在封闭监狱里，原因是他们发表了自己的宗教观点，这些观点总体而言非常正统。我既没有耐心去倾听，去交谈，也没有耐心去考虑与它有关的任何事；因为我如此长时间、如此盲目地一直与人争论，唠叨、辱骂和嘲笑它，以致连基本的耐心都没有。

这些激烈用词，并不是脾气温和的麦迪逊平时所乐意使用的，但是他感触强烈；很可能只有他而不是其他睿智、年长的人士能够理解，什么才是当时正日渐真切的政治斗争的终极目的。然而在他的脑海里，显然是宗教而不是公民自由占据着主导地位。他在同一封信中说道："如果英国国教在所有的北方殖民地就像它在我们这里一样，一直是确定并且普及的宗教，而且不受干涉，盛行于整个大陆，那么奴隶制和屈从有可能而且应该逐渐在我们中间生长。"

他恭喜他的朋友们不允许运输茶叶的船只在费城卸货；他希望波士顿"非常谨慎地处理事情，就像他们同样勇敢地去做一样"。这些事情有趣而重要；但是，"让我以学者和哲学家而不是以爱国者的身份告诉你，这与政治无关！"那一年沿海市镇发生了种种激动人心的事情，他和所有这些事情的联系都被切断了，这让他的感觉失去了某种平衡。一个年轻的学者，孤独、身患疾病，脑海中也许有点忧郁，有一点不满，在普林斯顿学到的满腹经纶没有更好的用途，只能在家中辅导6个弟弟妹妹。在他自己看来，一直似乎是"五六个因出版他们的宗教观点而被关在封闭监狱里的心地善良人士"的愤怒，这与英国国会可能发明的任何税收比起来，它们对自由的威胁更为严重。不是他高估了这个错误的重要性，而是低估了它的重要意义。不过，没过多久，他就真正理解了它。

第二章

年轻的政治家

麦迪逊的用武之地,无论从脾气还是从健康状况欠佳来看,都适合用在政务会议里,而不是在战场上。他的一个早期传记作者说,他加入了一支在他的家乡组建起来的军事组织,以便为战争爆发做准备;然而毫无疑问,这是个错误。他满怀激情地赞扬志愿者"精神崇高",他们为了"自己家乡的安宁和荣誉"挺身而出;但是,这并不暗示他自己会选择这条道路去展示他的爱国立场。相反,他选择加入1774年在他家乡成立的安全委员会这条道路,他是其中一员,也许是其中最年轻的一员,年仅23岁。

18个月后,他被选为代表参加弗吉尼亚1776年议会,他说这是他"第一次进入公共生活"。这同时给了他一次崭露头角的机会,不管他早年的规划如何,从此公共生活作为一种职业的大门徐徐开启。会议的第一项工作就是考虑和采纳一系列决议,以指导当时正在费城举行会议的大陆会议上的弗吉尼亚代表，敦促他们立即发表《独立宣言》。第二件事是起草《权利法案》和州政府《宪法》。麦迪逊所在的委员会牵涉后一个主题。一个必须讨论的问题出现了，而他对这个问题非常感兴趣；毫无疑问，关于它的任何讨论，他都游刃有余。这就是讨论宗教自由问题。拟议中的《权利法案》中的一个条款提议："任何人依照良心的指引开展宗教活动时，都享有充分的信仰自由，不受政府惩罚和压制，除非有人以宗教的名义，扰乱社会的和平、幸福和安全。"没有证据表明，麦迪逊先生在委员会中对这一条款提出了任何反对意见。但是，当报告提交给大会时，他提出了一个修正案。他指出承认绝对权力和宗教自由二者间的区别，因为信仰自由暗含司法权力。因此，他提出应抛弃"任何人进行宗教活动时应享有充分的信仰自由"，改为宣称"任何人依照良心的指引开展宗教活动时，都平等地被赋予充分的自由"；以及"没有任何人、任何阶级在宗教事务上，将会获得特殊的报酬或薪水，也不会受到任何惩罚或体罚，除非以宗教的名义，平等和自由的维持与国家的安全明显受到威胁"。在他看来，宣称权利和承诺授予特权之间的区别，只需要指出来就可以了。但是，麦迪逊先生显然想要表达更多的含义。他不仅想要表达应确保宗教自由，还想指出"官方宗教"——正如我们前面分析过的，这在他看来对自由是一个威胁——应该被禁止。可能大会还没做好接受第二步的准备，或者是委员会成员觉得，既然整体包括局部，只要信仰自由建立起来，建立官方宗教将变得不可能，因此法律条文应删掉职责之外的事项和冗词。不管怎样，条文最终减少了一半，采纳了更为简洁的表述方式："宗教，亦即我们对创世主所负有的责任以及尽这种责任的方式，只能由理智和信念加以指引，不能借助于强力或暴行。因此，所有人都被平等地赋予权利，可以依照良心的指引，自由地进行宗教活动。"就这样，它一直保留在今天弗吉尼亚的《权利法案》中，以及随后其他州制定的各自《权利法案》中，向我们展示了他的个人兴趣——一位即将登上舞台的政治家的第一个公共成果中所显示出的个人兴趣。

此后40年，麦迪逊成为一位公众人物。在新的州《宪法》实施后的第一届国会，他成功当选为议员。第二届国会，他也是候选人之一，但是未能再次当选，原因在于他的想法并不为当时的大多数弗吉尼亚人所接受——当然今天情况截然相反。瑞维斯先生说，"母国情怀及其行事方式"在弗吉尼亚仍然占据主导地位。"公共选举时采取拉票的做法在当地非常盛行。民众不但容忍而且期待候选人向他们献殷勤，款待请客。忽略这些事项的候选人，肯定不能当选。"但是，当时麦迪逊似乎觉得"要采取一种更为高尚的选举方式"，于是他"决定以身作则，尝试实行新的选举方式"。他遭到彻底失败。"母国情怀及其行事方式"让他深受其苦。他几乎吸引不到任何选票，更没有谁受到他的款待而喝得酩酊大醉，结果他输掉了这次选举。这次竞选中采取新的选举方式的尝试，是建立在腐败肆虐的社会风气基础之上。但是，瑞维斯先生以他惯有的长篇大论补充道："他缺乏足够的证据支持他所主张的论点，在这种情况中，要想精确地实现他的主张是极端困难的，竞选过程徒劳无益，只能当做连续不断地抗议当地的立法记录，以及反抗一种危险的滥权，这种滥权导致她的一个子民——他是如此适合于为她效劳，注定要为她增光添彩——成为它的一个早期的（当然是临时的）牺牲品。"瑞维斯先生并不是说，麦迪逊先生在其早期生涯中有一段时间成了恶劣风气的牺牲品，而是说由于他不能鼓舞别人，因而输掉了选举。

当地失去了一位好代表，但他们的损失却是他的所得。州议会随即选他作为州长顾问班子中的一员，他在这个职位上迅速赢得了公众的支持。两年之后（1780年），他被选作代表参加大陆会议，他还不满30岁。作为一个光芒四射的青年才俊，他的年龄着实惹人注目。如果仅从此后一两年发生的事情而不是从整个大背景去考察，将无法理解他是如此地不可思议。坐在他身边的人士，可能每一位都是他的长辈，他们当中的许多人都是这个国家最杰出的人士，要么"年高德劭"，要么"功勋卓著"。

1780年如果不是独立战争中最黑暗的一年，那将没有更暗淡糟糕的年份。抵达费城没过几天，麦迪逊就给当时的弗吉尼亚州州长杰斐逊写信，表达他对国家时局的看法。看法悲观令人沮丧，但绝非夸张之辞。他所能看到的唯一希望就是，克林顿远征南卡罗来纳州或许会失败；但是，就在写这封信的一个多月后，林肯在查尔斯顿被迫投降，整个弗吉尼亚南部地区似乎都要落入英军之手。如果他能预见这个灾难，他可能会由担忧变为绝望。他是这样写的：

> 我们军队面临的威胁是，要么马上解体，要么自生自灭。公共财政空空如也。公共银行存款枯竭，并且我还听

说经纪人的私人信用到了崩溃的边缘。国会抱怨民众要求太多,民众抱怨国会目光短浅,军队则对国会和民众双方都有抱怨。我们的事业要求采取最成熟、最全面的措施,但时局紧迫,只允许实行临时性的权宜之计,而这些权宜之计又引发了新的问题。国会提出计划要求几个州执行,各州则根据一己之私重新评估这些计划。对于当前种种努力的不信任浇灭了爱国者的热情,同样在各州中间造成了相同的后果。旧的财政制度因为不能满足我们的需要而被抛弃,新的替代品则未经试验,性能不稳;前者死而不僵,后者生而未行,整个局势在二者之间僵持,停滞不前。这就是我们国家当前时局的总体情况。其具体情形留给您去想象和补充。

也许经过国会一个任期的历练,现在他看得更加清楚,明白所有这些问题的根源在哪里。不管怎样,在那一年(1780年)11月写的信件中,他能够简洁明了地描述时局。他在给一位朋友的信中写道,缺少资金"是我们所有公共困难和不幸的总根源。一二百万畿尼金币适当地分发下去,就会让整支军队变得生龙活虎,踌躇满志,把敌人从合众国的每一个角落驱逐出去"。

但是没有谁比他更了解筹钱之难难于上青天,而向海外借款又非常不稳定,无法倚仗。要筹款,必须另辟蹊径。对于特别征税,他没有任何信心。如果这些税种向全体民众征收,很可能它实际上会变成用合众国的纸币或凭证这种形式缴纳,而它们已经贬值到 100∶1；它们持续下跌直到 1000∶1，然后变得一文不值。当国会开始评估来年形势时，麦迪逊提议合众国应停止发行纸币。他说：“对提议的反应非常冷淡，我根本无法进行更多呼吁。”对于这个提案的最终回复是，"实施起来明显和《国会法案》产生冲突"；此外，因为这些提议受到漠视，无法实施，仅仅进行抗议毫无用处。邦联的连接纽带脆弱不堪，各州都有自己的法律，邦联徒有其名。在这个事情上，并没有多少合理的理由抱怨，因为合众国又有什么别的事情可做呢？如果没有钱，一定得有什么手段取而代之。如无法支付，那么支付的承诺一定要得到认可。纸币实现了临时目的，当然它显而易见的后果是，它最终将会一文不值。

然而，它的恶果明摆着如此巨大，有充分理由认为如果无法根治，也必须设法缓和。他在给一位同事的信中建议，军需供应得摊派给人民，坚决增加军队募集的财物，以及发放有利息的凭证作为他们的报酬，这个凭证不可以交换，但在战争结束后的某个时间可以兑换。如果生产者用他们的劳动成果换取凭证，那么这个计划毫无疑问将会停止纸币的大量流通；凭证在交换时毫无价值，它只有一个可预期的价值，不过得等到这场前景尚不明朗的战争成功结束。即使人民爱国心切，他们也不会同意和屈服于这样的法律，国会更无权强加施行。不过，麦迪逊先生除了向他的同事口头说说这个计划，根本不敢贸然推行。

为什么 1781 年初弗吉尼亚议会曾打算选出一位额外代表参加大陆会议，原因尚不清楚，除非代表之一、也是州议会选派的约瑟夫·琼斯大部分时间都待在里士满。然而，这位额外代表最终并没有成行，或许是麦迪逊的朋友们觉得，这对麦迪逊是一种侮辱。没有任何理由怀疑他的能力与勤奋。没有谁比他更勤奋，他在大学里的最后一年——如果这个故事是真实的话——每天24小时仅拿出3个小时睡觉，从而把两年的学习时间压缩为一年。他似乎天生就喜欢工作。他是不达目的决不罢休的最好例证。他不仅仅是在这个时候，为了实现自己的雄心壮志才有了什么特别的目标。他的目标非常简单，那就是无论身处何地，都要努力做好；无论什么事情交给他，都忠心耿耿去做，尽自己的最大能力做好。他写的1782—1783届国会的各种活动报告，以及在此期间和此前写的书信显示，他不仅用功、勤奋，而且与他的工作职责融为一体。

他忠于自己的使命，有的时候超乎想象。当时发生任何资金短缺的事情，都不奇怪。但是弗吉尼亚即便在这个时候，似乎一直都有能力筹到足够的资金，帮助它的国会代表支付他们的公务账单。他以爱迪生式的口吻小声抱怨说，由于缺钱，他做什么都捉襟见肘。他写信给埃德蒙·伦道夫说："如果不告诉你在过去一段时间里，我一直是犹太经纪人海恩·所罗门资助下的养老金救助者，你可能怎么也无法理解，你善意提醒给我汇款有多么重要。"一个月后他写道，发行弗吉尼亚纸币的招数也试了，"但是毫无用处"，没有人愿意使用它们。他补充说："我重新陷入了困境。我的好兄弟的状况也好不到哪儿去，他同样是寅吃卯粮。"一个星期之后，他再次写道："我很羞愧一而再、再而三地向你诉苦，但情况已经变得非常糟糕，我马上就要揭不开锅了。"然而好心的撒玛利亚人所罗门仍然是他永远的依靠。"我们前街咖啡馆附近的小兄弟非常友善,正是他的解囊相助,才使我免于绝境。但是求助于他是巨大的耻辱,因为他坚决拒绝收取任何回报。钱的利息高得吓人,小兄弟觉得靠钱生钱简直就是敲诈,当然对指望赚钱的人来说却是投资良机。他根本没必要从他的个人股票中匀出一部分,来供应我这个陷入窘境的国会代表。"好一幅共和国早年艰苦岁月的生动图景。面对这种情况,普通的现代民众和钞票贩子,很可能早已偷偷摸摸达成协议,互通有无,或从印第安人那里获得补给。

然而,补助终于来了。他给弗吉尼亚州长写了一封求助信,该信广为流传,在政府部门工作的所有人士可能都读过。麦迪逊先生说,这封求助信的回函"似乎责备我们过于着急"。不过,不久之后就收到了一笔 200 美元的汇款。他补充道:"这真是雪中送炭,要不然就得借一笔款子了。再有 350 美元——少一分都不行——我就完完全全脱离负债阶级了。"他希望这笔款子汇到时,没有进一步的责备。[1]

这位年轻的议员并没有因为这些个人衣食住行方面的小困难,在履行国会职责时有半点懈怠。军事行动并没有逃出他的法眼,不过他似乎对其他事务更感兴趣。他给家乡的公众人物写的多封信件在某种程度上提供了一些信息,这同此后的报纸多次提供的信息一样,即与军事沾上边的问题,甚至直接来自军队的新闻;都

---

[1] 当时,国会议员的薪水由他们所代表的州支付。弗吉尼亚同意支付该州代表的家庭开销,包括 3 个仆人、4 匹马、房租与燃料、每英里 2 美元的差旅费,以及参加国会会议时每天补助 20 美元。要求代表每季度提供一份他们的家庭开支账单,当州议会有资金时即可支付。

排在了他议事日程的最末位。由于这个原因,这些信件读起来并不是那么有趣。偶尔,人们也许会乐意于变换他们夸张、圆润的分段,去看到任何一种迅捷、冲动的情感表达。他给彭德尔顿写信说道:"我向你回信,致以热烈的祝贺,约克镇和格洛斯特的联军取得了辉煌的战绩。我们已经从大陆军总司令得到这个事情的正式报告。"如此等等。接着,就是一整篇或者更多的长篇大论,谈论东印度群岛英国殖民地的情况,谈论"从那里获得的商业和财政资源,也许是永久的",谈论"尤斯塔西亚的掠夺性征服",谈论"从直布罗陀来的援助,仅仅是一个负面的优势"。所有这些都是为了证明"他们几乎不可能再继续硬撑下去,面对和平的呼声把自己的耳朵一直堵上"。所有这些讨论,没有一个用词不是十二分的真实、贴切、深思熟虑,不是出自政治家之口。但是,也没有一个词语温暖贴心,充满爱国激情,能在军队取得重大胜利、他们的事业即将取得最终胜利的时刻,让全体人民的心跳加速。

所有这些信件,都是这样异乎寻常的冷静,似乎每一个字都充满着学究气,都是从让人迷恋的爱迪生模子中浇灌出来的。人们也许会纳闷,当麦迪逊听到自负、傲慢的康华利将军兵败如山倒时,会不会一个人待在自己房间里,把门锁上,把自己的帽子扔向天花板,压低嗓子喊一声"万岁"!然而,他似乎从来就没有年轻过。21岁时,他就严厉地警告他的朋友布拉福德,不要"受充斥着每一个市镇的、傲慢自大的纨绔子弟的影响,从而改变了你的事业和哲学兴趣……想让他们更加尊重、羡慕你,你就得在他们的愚蠢面前展示你的愤怒,并与他们保持合适的距离"。然而,他的所失,正是我们的所得。他就是时代需要的人,没有他们,时代将会彻底改变,结果也会截然不同。毫无疑问,他生活中的灰暗色调,部分源于他天生的秉性,部分源于他早年时代健康欠佳,这导致他深信来日不多;然而更大程度上,这源于他敏锐地觉察到降临在他肩头之上的那些责任——管理公共事务。

第三章

进入国会

同事们对麦迪逊的评价稳步提高，这显示在他频频出任重要的国会委员会中的职务，1783年更是如此。他是负责全国财政问题的委员会中的一员，即便从他关于那届国会各种辩论的温和报告中，也能清楚看到他在这个议题的长期讨论中扮演着重要角色，并对其最终结果产生了不可磨灭的影响。当时政府的处境极端困难。为了支付紧急开支度过危局，1782年再次向法国提出贷款。还没等到法国同意放贷，几个反对贷款的法案就被提了出来。这些法案虽然不是非常可行，却并非没有通过的可能。而且，这些法案应该受到赞扬，因为贷款程序如此不规范，等于是屈辱地承认国家财政的困境与虚弱。许多代表也是极端敏感，五味杂陈。麦迪逊先生正是其中的一员。

全国债务总共不到4000万美元。为了偿还债务利息，设立了一个偿付基金，每年最少得筹到 300 万美元。然而事实上，每年邦联政府收上来的全部资金只有 50 万美元。让老百姓多缴一些也不是没有可能，实际上战前税收就已两倍于此；根据战后三四年的情况估算，扣除纸币贬值因素，老百姓每年缴纳的税收大约有 2000 万美元。真正的困难在于邦联的性质。国会可以提出建议，却没有办法要求施行。13 个州或同意，或不同意；或者仅有两个或更多的州同意，剩余州不同意；更多的时候是后面这种情况，而非前者。邦联根本没有权力要求所有地方施行。国会所能做的事情就是，想方设法提出那些可能在各州分歧间达成妥协的法案，把 13 个主权政府带到某个大家都同意的共同基础上来。局面的纷乱与复杂绝不仅限于此。它还得面对一支训练有素、久经沙场的军队，他们随时可能会找到某个领导人实现它的想法，就像克伦威尔当年对待长期议会那样，开进费城废除掉国会。军队里可能就有这样一些人，他们看到克伦威尔的先例重演绝不会有半点后悔。华盛顿将军只要愿意，他就可以这样做；盖茨将军要是有这个能力，他可能早就做了。

为了避开当时所面临的威胁，为了征收赋税而不致激起纳税人抵抗，防止他们运用手中的权利反抗一切税收、哪怕是为了共同目的所开征的税收，这些都是国会要想拯救邦联免于解体必须解决的关键问题。国会并不是没有计划，没有权宜之计；国会也并不是没有明白人，他们清楚问题的关键所在，知道如何去解决，他们的目标直接明了，毫不动摇。他们中的主要人物包括汉密尔顿、威尔逊、埃尔斯沃斯，以及麦迪逊。这些人也许傲慢自大，有弱点，不善待他人，但在重要问题上，通常会拧成一股绳。他们有时候在细枝末节上也会出现分歧，但他们并不受情绪和偏见影响；由于克制，他们变得坚强有力。在关键时刻，他们以不可阻挡的辩才和人格力量征服了对手。

在最重要问题的辩论中，麦迪逊引人注目，这种瞩目所依靠的并不是强词夺理。看过这些辩论的人，几乎没有不被他折服的，服膺于他对英国宪政制度的烂熟于胸，服膺于他的真知灼见——这支英语民族在建立自己的政府时，实行宪政制度是多么必要。他所引用的海量而必要的知识，来源于他进入公共生活之前居家期间的长年积累和潜心研究。当时国会图书馆尚未建立，议员无法临时查阅资料以备辩论。尽管费城已经有了一个不错的图书馆，但是议员如果想在每个论点上都能发射出子弹，他在进入议会生涯之前就必须得装备好。在这一点上，除了汉密尔顿，也许还有埃尔斯沃斯，麦迪逊没有对手。然而，对于建立这样一个图书馆，麦迪逊和其他人并非全无想法。他在担任某个委员会主席时，列出了一份"适合国会使用"的书单并建议购买。这份报告宣称，这些书籍对于树立国际法、条约、外交谈判以及其他立法问题的权威必不可少，而"国会的几个法案明显疏忽于此"。但是，国会并不打算为此类鸡毛蒜皮的琐事付诸行动。

许多时候，他自己州的态度也让他陷入尴尬的处境，使他不能很好地履行国会代表的职责。他进入国会后赢得的第一个名声，就是他在担任某个委员会的主席时，强行指示当时的驻西班牙大使杰伊先生在与西班牙进行同盟谈判时，坚决附加上关于密西西比河航行权的条款。麦迪逊先生在他的指示信中坚称，美方对于这个问题的态度坚决、清楚，没有任何讨价还价的余地，不附加任何条件。他毫无保留地从权宜之计、国家礼仪和国际法三个角度进行论证、辩护，要求争取这个权利；他的辩护不仅符合他自己的信念，也与弗吉尼亚州议会的指令一致。这个问题与弗吉尼亚的利益紧密相关，当时弗吉尼亚的西部边界就是密西西比河。但是，没过多久弗吉尼亚就改变了立场。1780—1781年南方的战事进程在佐治亚州和南北卡罗来纳州激起了新的顾虑，正考虑是否要和西班牙结成同盟。这里的民众担心，万一突然停战和平降临，而英国军队仍然占有这两个州或两州部分地区，他们可能会由于占领地保有原则，将被迫留下作为不列颠的领地。因此有人极力主张和西班牙结成同盟，将密西西比河的权利交给西班牙。为了和邻州的立场保持一致，弗吉尼亚建议，相应地应该重新给杰伊先生下达指令。

麦迪逊先生对于自己的看法坚定不移。在他看来，要求密西西比河航行权并不是临时性的权宜之计，而是一个正确做法。但是那个时候，没有哪个代表胆敢质疑这一点——他必须含蓄地服从他们选区的指导。他屈服了；但是，他的屈服发生在他大声呼吁州议会重新考虑他们的决定无效之后。权衡的筹码发生了变化；新的命令下达给杰伊先生，要和南方州的立场保持一致。然而，麦迪逊先生没过多久，就等来了新的说辞。当一直威胁着南方的直接危险烟消云散，弗吉尼亚回到了它最初的立场。新的指令送给它的国会代表，国会再次指令杰伊先生，在密西西比河问题上美国政府没有任何妥协的余地。

在两年后的另一个问题上，他自己的州试图将一个指令强加于他，对此麦迪逊先生拒绝保持一致。没有谁比他更清楚地看到，在一个坚实、公正的基础上解决邦联财政问题，这对于维持邦联必不可少；此外，没有谁比他更真切、更明智地提出了一个解决方案。1781年，国会曾提议征收一项进口税，由各州自己任命收税员，但是缴纳上来的税收上交给邦联政府，用于支付战争开销。一开始，仅有罗德岛不同意这一计划。某些进口货物实行5%的税率，其他进口货物实行25年期的特别税率，这是1783年计划的关键部分，目的是增加一笔财政收入，偿付公共债务利息，以及支付其他公共开支。非常有可能，罗德岛将继续顽固地抵制这一计划；唯一说服它的希望，就是其他州联合施加影响，迫使它服从，要不就名声扫地。

麦迪逊先生对罗德岛的反应是极其愤怒。在他看来，罗德岛的行为显示出它没有任何荣誉感和爱国心。他敦促弗吉尼亚强有力地赞同这项法令，给其他州做出表率，以此来指责罗德岛。然而事实是，弗吉尼亚州的所作所为恰恰相反。在税收法令辩论最激烈、极有可能成为法律付诸实施的关键时刻，国会任命一个委员会向北启程，前往说服罗德岛，打算游说失败就和它妥协。然而就在这个关键时刻，弗吉尼亚传来消息，它取消此前会议上对于税收法案的支持。这等于命令它国会里的代表们，要反对任何此类措施。这使得麦迪逊尴尬无比。一直以来，他都站在奋力推进这个政策的最前沿，并且不顾招人嫉恨谴责某个州反对这项法案。这个时候他宣称，代表应该服从选民意志的规定应该有例外，现在的情形就是一个例外。他继续奋勇向前，强调该公共法案对于增加政府收入必不可少。当然，他的辩论不再指责罗德岛民众的所作所为自私自利，缺乏爱国心。最后，他的坚持得到了弗吉尼亚的支持，当一个新法案提交给它时，弗吉尼亚再次改变了立场。

该法案的实施期限被限制为25年。这是汉密尔顿所反对的，却是麦迪逊所支持的。对于这一分歧，他们俩的一些传记作家认为埋下了未来两党之争的伏笔。然而更有可能的是，两位政治家都不认为他们的分歧是原则性的分歧。问题在于，为了实现某个目的，该不该与某部分人步调一致。当时他们俩都感觉到，这些人威胁着要扔掉通过革命挣来的一些州权原则。他们都赞同，为了履行因公共利益而欠下的债务责任，有必要实施这个超越各州的公共法案。2月份麦迪逊写道："如果不迅速采取一些友善而充分的措施，调整好所有现存账户，免掉公共债务，邦联的解体将不可避免。"因此他想往后推延，认为拖延一段时间各州或许可能会赞同实施这样的法案。没有谁希望公共债务要等25年才能付清。但是，要想在各州征收一个期限更长的邦联税种，或者征收到债务被免除，这样也许会激起各州妒忌，使得任何地方都不会同意这个法案。如果接受这个为期25年的法案，当前就有可能挣脱这个会摧毁政府的威胁，也许四分之一世纪后，重新实施这样的法案将会变得容易。不管怎样，世界末日将会被推迟。这就是麦迪逊的全部考虑。

但是，汉密尔顿并不相信这样做能推迟危机。他对于当时政府组织方式的生命力毫无信心。如果他的判断是对的，把灾难推到明天又有什么用，其道理何在？想要破解这个难局，明天可能比今天更加困难。两人分歧的关键之处在于，麦迪逊唯一担心的地方，正是汉密尔顿确信他明白或者认为他明白的地方。这是理念上的不同。麦迪逊希望，在这25年之中会出现某种转机。然而，汉密尔顿并不相信，在邦联软弱无力的统治之下转机会出现。他总是随时随地向各州挑明这个问题——如果邦联政府认为有必要，它们愿意把征税权移交给邦联政府吗？如果不同意，意味着邦联仅是一根用沙子串起来的绳子，各州变成13个分隔开的独立政府。因此，他不同意25年期限，对这个议案投了反对票。

尽管如此，当议案变成法律，汉密尔顿给予了衷心支持，并被任命为三人委员会中的一员，他准备发表一个由麦迪逊起草的演说，建议各州支持这个法案。事实上，正是汉密尔顿在这次行动的最后时刻发挥了关键作用，运用他的辩才和影响力，才说服他自己的州批准了该法案。这个法案并不是他想要的方案，但是他尽自己的最大努力确保法案通过。然而，大多数州并不真心支持这个法案，纽约州和宾夕法尼亚州更是坚决不服从。因此在这种情况下，即使汉密尔顿的坚定意见在国会里占据主导地位，也不会失去什么；而麦迪逊坚持州权原则，也不会得到什么。除非"更加完美的邦联"这个问题往后推延，等待更合适的时机，等待按照新的邦联宪法重建政府变为可能。在此期间，国会借新款还旧债，邦联政府在不能自拔的泥潭里越陷越深，13条小船则分道扬镳，渐行渐远，最后在汪洋大海中沉没。

然而，这个法案包含着另一个妥协，这个妥协并非权宜之计，并且一经达成就难以更改。今天人们认为，它变成了4年之后批准联邦《宪法》的条件。正如今天瞎子都能看清楚的，它为差不多一个世纪之后的一场浩劫埋下了祸根，直到经过1861—1865年的内战之后联邦进行第三次重建才得以根除。《邦联条例》规定，"为了共同防御和公共福祉所产生的战争费用和其他支出"，应根据各州土地价值的比例分摊。现在提出要修改《条例》的这一条款，用人口代替土地作为征税的基础，不征税的印第安人除外。这个时候，占国家人口中的一小部分、大约75万的"用作仆役或劳力人群"的黑人奴隶问题产生了。这个问题源于善良之心，怜悯之情。他们在州的法律里只被算作财产，在邦联的法律里应该算作75万人吗？[1] 计算人口时，按不存在的人、死人或四条腿的动物，根本就不应该把他们计算在内？或者应该就像他们的拥有者们所坚称的，如果他们要被包括在征税的基数里，他们只能算作一部分？

南方同意黑人奴隶不同于白人，不是财富的生产者，如果把他们算作财富生产者，那么税收既不合理，也不公平。但是奴隶主坚称，不管把他们当做1个计算单位，还是部分计算单位，代表都应该依据这个数量来定。北方回答说，如果代表权与包括奴隶的人口一致，那等于是奴隶州的财产有了代表，而没有奴隶的州却没有相对应的财产；但是，如果奴隶被计做代表权的基础，那在计算税收比例时这个数量同样应该被考虑。

不管怎样，这个问题导致了一个有趣的死结。解开它的一个简单办法就是一直坚持民权原则；把奴隶仅仅计做四足兽，不把它

---

[1] 有的州黑奴算为"动产"，另外一些州则算为"不动产"。

当做州的一部分,就像马和牛一样将其排除在人口统计之外。但是,一百年前这些姊妹州之间联系松散,它们中没有哪个州认为自己能够独立生存,能作为一个独立的主权国家在列国中占有一席之地。更有可能的是,一半以上的州不愿在这种情况下维持着这样松散的联系。他们当时完全没有想到,奴隶问题会演变成这个国家的一股邪恶力量;而是深切担心合众国会走向分裂,邻州之间会形成或大或小的联盟,或与外国结成同盟,独立革命挣来的全部好处或更多好处将会丧失殆尽。因此,为了邦联的利益,在奴隶问题上做出的任何让步几乎都谈不上让步。

然而,热衷于研究那些或许可能会发生的问题——即那些没有发生的事件如果发生了——的好奇的历史研究者,在黑人奴隶这个问题上将会找到足够的空间来设想种种可能性。假如当时双方没有妥协,脆弱的邦联纽带将迅速撕裂成碎片;现在很容易认识到这一点,当时同样轻易地预见到了这一点。但是尽管如此,如果北方一直坚持黑奴根本就不应该被统计,也不应该被代表,或者黑奴应该全部被统计,并以此计算税收,可能出现的后果就是邦联跟着解体,这是当时谁也不愿意看到的结局。因为1800年并不是不可能甚至是不大可能看到,除了南方的卡罗来纳和佐治亚州,各地的奴隶制正在迅速消失。假如这两个州的奴隶制延续了一段时间,仅仅可能是由于它们发现,使用黑人劳动力种植蓝靛和水稻有利可图,而这种获利现象在其他奴隶州并不存在,那些州的奴隶供应迅速超过了需求。有一点几乎是不容置疑的,一旦邦联解体,北方自由州将很快结成它们自己的强大联盟。有充分的理由加速这一进程,没有谁有能力阻止它,就像无力阻止自由州和奴隶州之间的州在解体后迅速形成联盟一样。当边界州抛弃旧制度之后,将自然而然地被这样的北方联盟所吸引。毋庸置疑,这样建立起来的联盟最终证明,如同在奴隶问题上达成妥协付出代价后所建立起来的联邦一样,将强大、繁荣、幸福,受列国尊重,而后者由于奴隶问题上的妥协,随之而来的是四分之三世纪之久的痛苦政治纷争,并以一场内战作为了结。

但是,北方代表准备做出妥协,南方代表也不再坚持,究竟谁放弃了多少谁得到了多少,大家都不清楚,因为前方路上将会发生什么,双方都是一无所知。一个委员会报告说,应该按两个黑人等于一个自由人的比率进行计算。这一建议并未为大家所接受。对于部分人来说,这个比率太大;对于另外一些人来说,这个比率则太小了。因此,其他一些换算比率,如三比一、三比二、四比一以及四比三被提了出来。最后,正如麦迪逊所说的"为了证明他关于自由声明的真心实意"——毫无疑问,他的意思是获得自由——他建议"奴隶应该按照五比三的比率计算"。他的建议得到采纳,不过后来又重新进行了审议。四天之后的 4 月 1 日,汉密尔顿重新提出这个建议,按照麦迪逊的话说"没有反对"获得通过。[2] 关于

---

[2] J. C. 汉密尔顿在他的《共和国历史》中写道:"这个提议获得压倒性胜利,除了马萨诸塞州和罗德岛外的所有州都投票赞同。"但是他对这个问题的理解,是从另外一种不正确的角度来看待——人们可能会希望这是误解,而不是表述错误,担心他会支持麦迪逊,因为汉密尔顿认为这是一个值得赞扬的行动。

这个问题的法律条文，就是四年之后通过的《宪法》里荒谬的五分之三条款的法律渊源。

在国会任期的最后一个冬天，"少年情怀"终于压倒了这个年轻人，因为他陷入了情网。但是，这是一次不幸的经历。毫无疑问，这次经历的最终结果给他的生活带来的昏暗色调，比以往任何一次都多。他的选择并不是一个明智之举。极有可能，麦迪逊先生似乎看起来比他的实际年龄更加老成，并且对一个年轻女孩来说，他可能显得要大两三岁。不管怎样，和一位美丽超凡、活泼过头的年轻女士——凯瑟琳·弗洛伊德小姐牵涉到一起，着实是他的不幸。凯瑟琳小姐的父亲是纽约州长岛市的威廉·弗洛伊德将军，《独立宣言》的签署者之一，1774—1783年邦联国会代表。1783年4月，凯瑟琳小姐度过16周岁生日。麦迪逊的年龄是她的两倍，一个月前，他刚刚度过32岁生日。然而，他的求婚得到了同意，他们开始谈婚论嫁。不过，欣赏求婚者的并不是她本人，而是她的父亲。这位老政治家更了解他年轻同事的品行，更认识到他的能力，预见他有一个光辉灿烂的前途。这位小姑娘的智慧则是另外一番景象。她所预见和乐于分享的前途属于一位年轻牧师。她的一位上了年纪的亲戚回忆说，他"围绕在她的琴键周围"，以一种完全不同于那位严肃政治家的时髦方式谈情说爱——尽管老将军是如此地欣赏他的同事。总之，这是一个动人的爱情故事，任何人都会赞同这位活泼漂亮的年轻女士的选择，她想要的是爱情而不是雄心。她离开了这位老成持重的年轻绅士——他正在同她睿智的父亲讨论公共债务以及必须征收的某种税收——转向了一位真正青春年少的绅士,他熟知如何悬挂琴键,善于眉目传情,不像另一位只会用言辞表达爱慕之情。有传言说,她受到一位比她年长朋友的鼓动,在抛弃旧爱之前,结交了新欢。很可能这位成熟的女士觉得,麦迪逊和一位与他年纪相若的女士结为秦晋之好也许会更合适。不管怎样,早在这位年长的情人出局之前,婚约就解除了,老父亲为此失望不已。不久,这位年轻女士和麦迪逊之外的求婚者步入了婚姻殿堂。我知道,没有理由设想若干年之后住在教区住宅简陋房间里的她是否后悔了,如果当时做出的是另外一种选择,假以时日,她将住在华盛顿的白宫里,在余下来的16年生命中,将作为受人尊敬的前总统夫人尽享荣耀。然而,她也许会在后半生甜蜜地回忆起过往烟云,嘲笑自己年少无知,在对待她那位刻板的爱人时多么轻率,没有头脑;嘲笑她最终决定拒绝他时,曾修书一封,夹杂一点黑麦生面团,单独递给他,信件也许有点怜悯和恶作剧的意味。[3]

瑞维斯先生提供了一封当时杰斐逊写给麦迪逊的信件,信中显示麦迪逊非常需要来自朋友们的安慰。杰斐逊以他惯有的哲学口吻写道:"发生了不幸,不管由什么原因引起,我深表痛惜。然而,事情该有结束,这个世界展示了不幸,也存在着其他许多幸福的源泉,你自己身上就有很多。坚强的头脑,不间断的工作,将让你迅速从痛苦中走出来。一直以来,没有什么事情与我的预料相左,而这些

---

[3] 今天我们能够重温麦迪逊先生这件罗曼史的详细情节,得感谢长岛莫里奇斯的尼克尔·弗洛伊德先生——威廉·弗洛伊德将军的曾孙。

预料是建立在我深刻了解它的基础之上。但是在所有的机器当中，我们人类是最复杂、最无法解释的。"所罗门说过："有三件事情让我感到神奇，但是对于第四件事我一无所知。"这第四件事就是"正与少女热恋的男人的情怀"。他也许还可以加上第五件——陷入情网的少女的情怀，显然这就是杰斐逊想要表达的意思。

第四章

供职州众议院

　　弗吉尼亚当时的法律禁止同一位国会代表连续参选接下来的任期,因此1784年麦迪逊先生没有出现在国会机构里。我们得知,在短暂的3个月间隙期,他充分利用自己的时间继续他的法律研究,直到当年春天他被选为本县代表进入弗吉尼亚众议院。也许7年前曾让他悲叹的"故国情怀及其行事方式"早已烟消云散,如今没有谁再坚持享有特权——投票之前候选人得掏腰包请选民们喝个酩酊大醉。然而更有可能的是,选民并没有改变,是候选人变了;用不着物质诱惑,他们就会把手中的选票投给一位作为地区代表能让他们感到自豪的人。经过3年国会生涯的历练,麦迪逊的声望已经建立起来,现在他能轻而易举地在自己州的政治领导人中占有一席之地。

　　这个职位与他在邦联国会中的职位相比,知名度和影响力几乎不相上下。除了弗吉尼亚,没有哪一个州采取的行动能像邦联政府可能采取的行动那样，具有重大影响力。没有弗吉尼亚的同意，邦联国会无法在其境内开放或关闭任何一个国内或国际贸易港口；如果弗州反对，邦联国会无法对任何进口或出口货物征收一个硬币的关税。作为国会议员，麦迪逊先生也许可以提议或反对任何这些事情。作为弗吉尼亚众议院的一员，如果他的影响足够大，他可以执行或者禁止任意或全部事项，即便它们可能是国会的意愿。通过商业联系，弗吉尼亚有能力对它邻居们的福祉施加巨大影响，并间接影响到邦联每一个州的福祉。

与在邦联国会时一样，麦迪逊先生在州众议院里的目标是建立邦联政府的权威，因为没有这些权威，邦联政府将迅速陷入愚蠢和耻辱的境地。他说，"我同意我的父老乡亲们的期望，作为他们在立法机构里的代表"，要找到药方"挽救邦联和自由的福祉——它们正面临着迫在眉睫的灾难"。一开始，州众议院赞同邦联国会不久前提出的《邦联条例》修正案，提出用人口替代土地价值作为代表权和征税的基础。州众议院还认为，要求各州支持邦联政府，为公共债务提供资金，所有这些要求各州都应该服从；偿付旧有账户的差额应该执行。州众议院赞同邦联国会的建议，即邦联国会应该拥有一个有着时间限制的权力，有权管理同那些尚未签订条约的国家之间的贸易往来，目的是这样做或许可以报复大不列颠将合众国船只排挤出英属西印度殖民地。设计所有这些措施的目的只有一个——"拯救邦联"。当然，它们得到了麦迪逊的真心支持。在麦迪逊看来，如果要拯救邦联，或者创建一个值得拯救的邦联，最关键的步骤就是采取某种行动。但是，无论拯救还是创建邦联,都困难重重。商业州不愿把贸易控制权上交给国会,而农业州却几乎没有什么贸易权可以上交。在弗吉尼亚,烟草种植园主仍然墨守着传统的生产方式。他乐意于让英格兰的商船从他自己种植园的河岸边运走他的烟草,然后从同一条船只收到粗劣的货物,比如收到用以给他的奴隶们遮蔽身体的衣物,同时还有他自己家人所需的昂贵奢侈品——干货送给他的夫人和女儿,马德拉烟斗、大衣、马裤、帽子、靴子和马鞍送给他自己和儿子们。他知道,今年的收成要用来支付——如果收成足够支付的话——去年的货物,年复一年他总处于负债之中。但是,这个债务是记在流水账上,并不要紧。伦敦的代理商技巧娴熟地掌控着利息和佣金,今年的账务总是有赖于明年的收成。他和种植园主都知道,烟草在纽约或者费城卖出的价钱,似乎比代理商在伦敦卖到的价钱要高;用来交换的货物的报价,则比在北方城镇购买它们的价格要高。尽管如此,种植园主还是乐意于手拿皮鞭指挥着自己的奴隶,亲眼看着自己的大木桶被搬上甲板,然后收到根据他本人意愿、直接从伦敦运给自己的一大箱一大包的货物,并不去在意它们的价格是多少。这是一种得过且过的毁灭性制度,但是普通的弗吉尼亚种植园主对于数字并不敏感,甚至根本就不会读和写。作为一两千公顷土地和一两百号奴隶的主子,他感到非常自豪。他乐意于此,它就像治理——正如瑞维斯先生所说的——"一个微型城邦,有着它自己的海外和国内联系,以及它的常设管理机构。"他并不明白,奴隶种植园的孤立生活,通常只是一种持续的野外烧烤聚会,活动粗俗,娱乐乏味,烤牛肉大部分都给浪费了,看起来也并不总是那么让人舒服。这里粗俗好客，不用付费的劳力做出的食物便宜而丰盛，主人总是乐于欢迎任何一位到访的客人，客人的到访会使他无聊乏味的生活快活片刻；但是，这里鲜有奢侈与豪华，毫无精致与优雅，几乎没有任何文化气息。当然，这里也有几间房、几家人是另外一番景象，女人高贵典雅，男人受过良好教育；但是，这仅仅是例外。社会的普遍情形是：种植园主质朴率真，大大咧咧，志得意满，不过胸无点墨，四处都是贫穷的白人、贫瘠的土地和贫苦的奴隶，众多奴隶的生活目标仅仅是免于劳役和免受皮鞭之苦，这里只迈出了文明的门槛半步。

想要给这样一帮自大傲慢却头脑简单的民众灌输一些新的思想，并不是一件容易的事。想要他们沿着同一个标记走上新的道路，或许有可能实现这一点的办法是，让他们永远也不知道自己走向何方。麦迪逊先生希望通过实施他提交给州众议院的一个港口法案，来改变这个悲惨的种植园—商业体系。征收关税得有海关，显然弗吉尼亚州的任何种植园都没有海关，甚至连海关官员也没有。该法案建议，只留出两个开放港口供所有外国船只进出。如果本州所有对外贸易能被限制在这两个港口之内，会极大简化相关事务。因此，征收关税将有可能变得足够容易；如果幸福时刻果真来临，所有州都同意这个拯救邦联的措施，那么弗吉尼亚州将能上交给邦联政府某些税收，帮它解决财政收入问题。这不仅是支持港口法案的那些人的首要目标，同时也是一个牵一发而动全身的商业事务，所有州都需要这种法案，它以这种或那种方式产生着影响，有可能加强乃至维持邦联。所有这些事情都有赖于通过相互妥协，协调好各州的利益。南方对北方妒忌不已，因为繁荣的贸易只发生在北方，不发生在南方。它好像是以牺牲南方为代价带来的；某种意义上讲，就是这么回事。问题在于，先得找到症结的根源，然后才能开方子抓药。

如果北方的每个州都能在只有一两个港口的情况下取得商业繁荣，那么弗吉尼亚采取同样的措施，它的商业为什么就不能繁荣？如果北方的那些商业中心孕育出一批商人，他们建立起自己的商船，买和卖都靠自己运输，通过相互竞争和刺激侵蚀着南方的贸易，那么弗吉尼亚州也把自己的贸易限制在两三个港口之内，为什么就不会产生同样的结果？如果买家与卖家、进口商与消费者来到费城、纽约和波士顿市里共同的交易场所，随之而来带来了繁荣，那么为什么他们不能在诺福克做同样的事情？这就是麦迪逊引入港口法案想要实现的目标。但是，该法案一开始并没有被立法机构批准，直到在最初提议的2个港口之上又增加了3个港口，才最终获得通过。等到种植园主开始明白，该法案剥夺了他们所珍视的沿着河岸做生意的特权——不管在哪里，任何人都可以建一个小码头——于是激起了持久的反对。在接下来的每一次会议上，一直到新的联邦《宪法》获得通过，要求废除该法令的努力就没有停止过；尽管存在着这些未成功的努力的干扰，实际上每一年又增加着新的进出口港。事实上，弗吉尼亚开放港口的数量是2个还是20个，关系都不大。这个问题所包含的一个因素，无论麦迪逊还是其他人都没有考虑到。当然，如果强力施行，切断河流两岸和英国商船的往来联系是有可能实现的。但是，如果真这么做，商业将不顾立法机构的法令，而是按照自己的法则行事，驶向它自己选择的航道。要把劳动力为奴隶状态的农业州，转变成劳动力必须是自由状态的商业州，这是不可能做到的事情。

麦迪逊也许非常渴望把商业权上交给邦联政府，但是作为弗吉尼亚立法机构的一员，他必须首先考虑自己州的贸易。只要13个州仍然是13个贸易竞争对手，没有哪个州可以忽视自己的贸易利益。随着时间的流逝形势变得越来越清楚，13个州之间尽管仍然联系在一起，但却是13个弱小狭隘、互相独立的州，能够联合成一个强大国家的机会越来越小。如果一个政府无法让自己的人民遵守条约，那么任何外国政府都不可能同意和它签订条约。同样，只要这个国家的一部分民众——无论他们形成统一阵线的原因是什么——不需要遵守某个条约，那么这个国家中的其他任何一部分民众是不可能签订成条约的。如果马萨诸塞州同意了税收法案，或者事实上同意其他任何法案，而康涅狄格州和罗德岛不同意，那这个法案又有什么意义？或者纽约州同意，而新泽西和宾夕法尼亚却对它嗤之以鼻，结果又将如何？或者弗吉尼亚赞同，而马里兰却蔑视它们，这些法案又有什么用？

但是麦迪逊先生觉得，如果他能在他自己州的贸易方面做出健康有益的事，至少对整个国家的商业也会是有益的。这产生了一个现实的地区问题——当它产生时，他立刻发现它与一个普遍的问题有着逻辑关联。波托马克河是弗吉尼亚州和马里兰州的边界线，但是巴尔的摩勋爵的特许状让马里兰州有法律依据认为，弗吉尼亚只管辖至河岸，波托马克河全部属于马里兰。弗吉尼亚认可了这个权利，它自己仅仅主张拥有波托马克河和波科莫克河航行权。当然，两个州的法律都没有受到尊重，它们形同虚设，规避它们轻而易举，因为在普通人的脑海里，没有哪项特权比可以走私更加珍贵。不管怎样，似乎谁也不曾在这个问题上有过半点想法，直至麦迪逊从邦联国会回到家乡对这件事提出看法。在他看来，这不仅仅是逃避州的法律和欺骗州的税收。这个问题和他的种种想法是联系在一起的——维系邦联的纽带松弛了。如果当前这种关系继续维持下去，那么所有州成长为一个受人尊重或繁荣昌盛的国家将变得多么不可能。事实上，并不存在有关波托马克河的海事法律，甚至几乎连一个虚假的托词都没有。在河的一侧设立几个入口港，而在河的另一侧从源头到大海对所有来者都敞开着胸怀，没有什么事情比这更愚蠢了。如果这两个州的法律想在对岸受到尊重，那就非常有必要在它们之间签订条约，就像欧洲大陆任何两个相邻国家之间那样。

麦迪逊给在邦联国会里担任代表的杰斐逊写信，指出关于波托马克河的异常情况，建议他和马里兰州的代表就这个问题进行磋商。这个建议得到了杰斐逊的同意。杰斐逊找到机会和马里兰州代表斯通先生会面，正如他给麦迪逊的信中所言，"发现他也有着相同的想法，（我）告诉他我将采取写信的方式，把我们这一方的工作向前推进。因此，他们将此次会谈视为起点"。为什么"他们"不把麦迪逊建议杰斐逊举行这样一次会谈"视为起点"，原因并不清楚。不过正是麦迪逊而不是杰斐逊，发现了存在的这个错误应该予以纠正，同时建议两州派出代表探讨这个问题，并找到解决办法。同样，对于这个问题随之而来的谈判所产生的巨大影响导致了1787年制宪会议召开，这仅仅是因为麦迪逊先生在这种情形下建议迈出实质性的第一步，而在另一种情形之下的谈判关键时刻，抓住机会建议迈出另一个类似的实质性步骤。正如常言所说，1786年安纳波利斯会议是讨论波托马克河问题的直接结果，这两个问题确实相互纠结在一起，值得解释。

在麦迪逊先生的建议下，弗吉尼亚代表在会议的早些时候获得任命。马里兰州动作要慢一些。直到1785年春天，双方代表才举行会面。他们很快发现，关于波托马克河的任何有效的司法管辖都牵涉太多的利益，超出了他们或者任命他们的那些人的最初设想。现实存在的这些问题通过两州同意实行统一的税收，可能会得到解决，这就是双方代表的建议。但是，当这个议题递交到马里兰州立法机构时，它牵涉的范围更大。

仅仅几个月前，由华盛顿担任总裁的波托马克河公司获得了一个特许状。公司提议要做的事情是，使波托马克河上游通航，找到一条合适的道路将其同俄亥俄河连接在一起。这刺激了西部土地问题的解决。大约在同一时间，另一个公司也获得了特许状，要开通运河连接波托马克河和德拉华河，这样州内交通将变得更为便捷。在这两个项目上，宾夕法尼亚州和德拉华州一样有着重大利益，于是马里兰州建议，邀请这两个州派出代表同马里兰州和弗吉尼亚州派出的代表一起行动，解决他们之间关于波托马克河立法权的冲突。随后，有人掾出疑问：如果4个州能在一起协商，为什么不能是13个州呢？马里兰州立法机构因此建议：邀请所有州派出代表举行会议，探讨整个合众国的商业问题。

在马里兰州发生这些事情期间，弗吉尼亚立法机构则在讨论着事关该州几个主要港口的请愿书——请求就它们深受其害的商业弊端做出修正。港口法案显然被证明是一个失败的法案。仅仅几周之前，麦迪逊在一封写给朋友的信中抱怨说，"全国的贸易状况糟糕透顶"；最"可耻的欺骗"是英国商人对弗吉尼亚商人，以及对那些用自己的船运输烟草的种植园主们的欺骗；费城和弗吉尼亚州烟草价格的差异，从 11 先令到 14 先令不等，有利于北方港口；"这里商品的价格至少大大高于北方标准，如同烟草大大偏低一样。"他的观点是，他只相信一点，要解决这些糟糕的状况，唯有让邦联政府完全控制商业，别无他法。对于这些请愿书的争论激烈而持久，双方之间都出现了意见领袖。麦迪逊领导的一方希望授予国会权力，以规范同尚未签约国家之间的贸易关系，为所有州制定统一的商业法令，对进口货物征收 5% 的关税，用以偿付公共债务，以及从整体上支持邦联政府。他所在的一个委员会对弗吉尼亚州的国会代表发出详细指令，要求努力争取所有州同意这些建议。但是整体委员会对这些建议措施做了改变与限定，尤其是将国会的授权期限规定为 13 年，而这个权力对于邦联政府的存在至关重要。由于这些改变和限定，赞同建议措施的人毫无希望地选择了放弃。

但是，在这个报告得到处理之前，麦迪逊先生准备了一个议案作为替代方案，希望能另辟蹊径达到同一目的。这个议案建议指派 5 名代表——麦迪逊是其中之一——"他们或者他们中的任何

3位,将和邦联其他州可能任命的代表们在商定的时间和地点举行会面,讨论合众国的贸易;审查提到的这些州的有关情况和贸易;探讨为了它们的共同利益和持久和谐,它们的商业法规有必要建立多大程度的统一制度;并给这几个州提交一份与这个伟大目标有关的法案,当这几个州在国会一致同意,将使得合众国为了相同的目标能有效提出措施。"他非常谨慎,正如他所说,这个设想并不是由他本人提出,而是由"一位有影响力的代表泰勒先生提出,他从来没有在国会任过职,却对众议院的情况了如指掌,比那些供职于国会、置身于先入为主的偏见之中的议员更加耳聪目明。"他补充说:"通过的可能性非常小,所以当时并没有坚持。"

与此同时,人们开始讨论马里兰州立法机构关于波托马克河问题的方案,讨论波托马克河委员会的报告。事后麦迪逊先生说,由于马里兰州认为,宾夕法尼亚州和德拉华州的认可对于该河贸易法规的制定必不可少,因此这些州极有可能希望寻求它们邻居的同意,赞同所提出来的任何解决方案。"这是多么适当和有力的事例!"他补充说,"说明必须得到所有州的一致同意,否则不可能通过一个方案,赞同为了那个目标而建议召开一次会议。"

作为波托马克河委员会中的一员,他当然知道马里兰将提出什么样的建议;此外,当"如此适当和有力的事例"真地提出来时,它似乎就是他以前所撰写并诱导泰勒先生提出来的解决方案。当时这个方案"接受的可能性很小",因此"并没有坚持",这并不要紧。在我们今天的政治俚语里,这个方案得出现在最该出现的位置。它来得正是时候。马里兰提议的起源于波托马克河问题考虑的所有建议,弗吉尼亚都给予接受。随后,在会议的最后一天,麦迪逊-泰勒方案被从桌上取下——它在那里已经悄无声息地躺了差不多两个月——获得通过。如果有人整个冬天一直都在反对采取任何可能会导致强化邦联政府的行动,那么他们并没有看到所采取的这些措施对于实现那个最终目标是多么地重要;如果担心邦联侵权、顽固坚持州权的人无视这个事实,即方案将波托马克河问题推到了一边,而把联邦问题放到了它该有的位置,那么我们可能会确信,麦迪逊先生并不是他们中的一员。多年来他孜孜以求的目标终于实现了。

议案任命的代表很快举行集会。他们指定安纳波利斯作为拟议中的全国会议的召开地点,在接下来的9月(1786年)的第二个星期一召开会议。他们给其他所有州发出邀请,邀请派代表出席那个会议。

9月11日,弗吉尼亚、德拉华、宾夕法尼亚、新泽西和纽约的代表在安纳波利斯举行会议。北卡罗来纳、罗德岛、马萨诸塞和新罕布什尔任命了代表,但他们没有出席。佐治亚、南卡罗来纳、马里兰和康涅狄格对于这个提议没有采取行动。由于只有5个州的代表出席,代表们"认为继续讨论他们的使命并不是一个明智之举",但是他们接受亚历山大·汉密尔顿起草的一个声明,发给所有州。

声明宣称,出席本次会议的所有州授权它们的代表:"考虑合众国的贸易和商业;考虑为了它们的共同利益和持久和谐,它们的商业往来及其法规有必要建立多大程度的统一制度。"但是新泽西的代表走得更远；她的代表获得的授权是："考虑为了几个州的共同利益和持久和谐，它们的商业法规和其他重要事务有必要建立多大程度的统一制度"。出席会议的代表认为，这"对于最初的计划是一个改进，值得包括进未来会议的计划里"。对于这个观点，他们给出了详细的理由，并得出结论，呼吁所有州任命代表，于次年（1787年）5月的第二个星期一在费城举行会议，"以制定进一步的条款，比如他们认为显然要成为联邦政府《宪法》、足以维持联邦存在的条款"。

是年冬天，几个州派往这次会议的代表被选出。弗吉尼亚最先选出了她的代表，麦迪逊是他们中的一员，他们的领袖是乔治·华盛顿。

第五章

弗吉尼亚立法机构

　　安纳波利斯会议的召开,为一个更重要的会议的举行铺平了道路——后者在 8 个月之后举行,为合众国制定了一个永久的《宪法》——这毫无疑问归功于麦迪逊先生的坚持和政治敏锐。但他的杰出表现并不仅限于此。献身公共事务并表现卓越,同样铭刻在他一直担任州立法机构成员的整个 3 年任期。作为司法委员会主席,他花费大量精力,把旧的殖民地法规精简成一整套法律,以适应一个独立国家自由民众的状况。从第一次到最后一次参加会议,他一直主张信守条约,真诚地偿还债务,不过没有成功。与英格兰签署的条约规定:"对于偿还迄今为止签订的合同债务,双方之间不应有法律障碍。"州立法机构提醒国会注意,它应该放弃这一条款,理由是与"奴隶和其他财产"有关的条款一直没有被大不列颠遵守。正如麦迪逊先生 3 年后所说,当时他并不知道,"合众国方面的违约甚至先于对方在奴隶问题上的违反。"尽管如此,他坚持认为,如果这个问题的解决有任何真正的理由,它属于国会,也就是条约的当事人,而不属于州,州已经上交了缔约权;在通常的诚实情况下,一个农场主不支付战前从伦敦商人那里购买的货物和商品的欠债并不会有丝毫轻松,因为其他农场主并没有获得赔偿,补偿不列颠军队侵犯弗吉尼亚期间他们丢失的奴隶和马匹。在立法机构的三次会议上,麦迪逊作为其中一员,竭力使该机构采取某种行为,不"让我们极端丢脸和国会过于难堪"(他自己的原话)。这根本没有用,同僚们拒绝了他,同僚们对于任何事关他们荣誉和爱国主义的呼吁都无动于衷。

在另一个问题上,他和他的州都非常幸运。他不得不再次为宗教自由而奋斗。他立即着手捍卫一项权利,这项权利从一开始就曾激起过他的青春热血。两条措施在一次接一次的会议上被提出来,要确保州支持教会。第一条措施是起草一项法案,事关宗教团体的合并;但是,当该法案的草稿到了最后阶段,仅规定了圣公会教会的合并。对此,麦迪逊先生虽然不情愿,但还是投票同意,因为他希望教会团体将满足于这个措施,放弃提出更加令人讨厌的另一个法案。

他失望了。很自然,人们都是得陇望蜀,不会轻易就此打住。此时有人坚决认为,应该征收一个普通税种,"用以支持基督教会的牧师"。纳税人被允许命名那些他乐于资助并提供了支持的宗教团体。如果他拒绝法律默许的这种自愿行为,这笔钱将用于资助学校。但是就该税种本身而言,没有人能以任何借口免于缴纳。

麦迪逊很快即看到这样一个法案含有的种种可能性：宗教迫害，通过民法力量施加的强制统一，以及一切信仰或观念自由导致的压迫。这个法案并没有界定谁是谁不是"基督教会的牧师"，这必将留给法院裁定。全州性宗教将成为不可避免的结果，因为并未确定哪一个占据优势的教派作为依靠，直到它确保得到本教派教规认可作为基督教派的唯一代表。此时此刻期望别的任何事，等于是无视全部历史教训。

一开始，反对和辩论的重任几乎全压在麦迪逊一人身上。慢慢地，本州部分有识之士和他一样明白过来，这样的立法行为将使宗教自由陷入危险之中。有人说，对宗教的冷漠程度上升，公众道德水准将出现糟糕的滑坡。有人宣称，除非浸染于宗教情感的文化之中，普遍流行、持续增长的腐败将无药可救，因此教会的牧师必须维持并得到支持。但是同意所有这些建议，在麦迪逊看来，拟议中的解决方案给予的不是面包而是石头，并且这块石头反过来会被用做武器。靠州议会的法案来规范宗教信仰是不可能的，并且这比愚蠢地去尝试更加糟糕。

由于他的努力，这个问题从这次会议被推迟到下一次会议。与此同时，法案的复本被送至弗吉尼亚州所有郡县供民众思考，并辅之以麦迪逊撰写的《抗议请愿书》，该请愿书到处征集签名，准备提交给下一届立法机构。请愿书认为，该法案将是"一次危险的权力滥用"。签名者的抗议难以辩驳，他们一开始就引述《权利法案》的主张："宗教，亦即我们对创世主所负有的责任以及尽这种责任的方式，只能由理智和信念加以指引，不能借助于强力或暴行。"完全有可能,一些人签署抗议书与其说是源于他们相信它是真的,不如说是在抗议征税;另外一些人则更多地是出于妒忌主教派教会的权力,而不是出于担心他们自己教派之外的宗教自由需要保护。不管动机如何,签名运动声势浩大,没有谁能置若罔闻。这给1785—1786年州议会议员的选举设置了一道测试题。在这届议会,支持教会牧师的法案遭到拒绝,代之以通过"一项建立宗教自由的法案"——杰斐逊7年前草拟的法案。该法案规定:"任何人不得被强迫参加或支援任何宗教礼拜、宗教场所或传道职位,任何人不得由于其宗教见解和信仰不同,而在肉体或财产上受到强制、约束、骚扰、负担或其他损害;任何人都应该有自由宣布他信仰某一宗教,并通过辩论来维护他在宗教问题上的见解,而且也绝不能因此而削弱、扩大或影响其公民权利。"[1]

---

[1] 杰斐逊怀着极大的兴趣关注着这场冲突的发展,这显示在他从巴黎写就的信件中。1786年2月,他给麦迪逊写道:"非常感谢你来信告知抗议征税事宜。现在身在荷兰的梅兹向我承诺,他将把它出版在《莱顿公报》上。它将给我们带来巨大荣耀。我希望我们的州议会像欧洲最明智的议会一样,赞同它。"同年12月,他又写道:"关于宗教自由的《弗吉尼亚法案》在欧洲一直获得广泛的认可,并得到热情的传播。我的意思不是说被政府传播,而是被赞成这些观点的个人传播。它被翻译成法文和意大利文,被送往欧洲的大部分法院,它是揭穿那些错误报道的最有力证据,那些报道把我们描述成无政府状态。它被添加到《大百科全书》,大多数与美国有关的出版物都刊载它。事实上,很高兴看到理性的标准经过这么多代人的努力,被具体地建立起来,此前人类的思想被控制在国王、教士和贵族的手中。我们非常荣幸,建立起第一个立法机构,它有勇气宣称:人类的理性可以信任,可以形成自己的观点!"后面一段话很典型,不喜欢杰斐逊的 (转下页)

麦迪逊在抗议请愿书中写道:"如果这项自由遭到践踏,这不是对人的冒犯,而是对上帝的冒犯。因此,必须对上帝而不是对人进行表述。"如果一百年前的弗吉尼亚民众无法清楚理解这个原则的全部内涵,那也并不容易说当时谁或今天处于自由的哪位人士对它们投掷了石块。当时主张实现最广泛的宗教自由还是新鲜事物,就像在今天看来,由于观点不同而受到镇压是个古老怪物一样,二者都是真实可信之事。直到弗吉尼亚拒绝向它的公民征税以支持神职牧师经过了50年,马萨诸塞州才废除了一项法律,免除一项长期强加于她的民众身上的类似负担。

1786年是麦迪逊从国会退回弗吉尼亚议会供职的最后一年。是年各州再次爆发发行纸币的狂潮。绝大多数州都实施了这项措施,最终都出现了常见的灾难性后果。麦迪逊非常焦急,担心他自己的州也被卷入这一错误之中,他领导了一个反对运动,反对送交到国会的多项呼吁发行纸币的请愿书。反对票数众多,并不完全是来自于他的个人影响;但是,他付出巨大努力,集中精力进行反对。在弗吉尼亚,烟草凭证的使用在某程度上提供了措施满足对流通中介的需求,因此这里比其他一些州更容易抵制发行纸币替代品代替真正货币的喧嚣。烟草凭证至少代表了某种有价值的货币。麦迪逊支持这一法案,该法案授权使用这种凭证。但是他在写给华盛顿的信中写道,他的"默认……被一种恐惧所强占着,恐

(接上页)人可以从字里行间看到一个人的自鸣得意——一个并不总是在乎在宗教自由和非宗教自由之间画线的人。

惧以减轻民众负担的名义,将会出现某个更大的灾难"。他补充说,他"并不确信"他"所做的事情是正确的"。但是,这个措施并没有导致他一直自责的那些灾难。

他这 3 年的生活,即使不是他漫长的公职生涯里最快乐的时光,也是他最快乐的岁月之一。几乎没有失望或担忧,更多地是显然易见的真诚的满足,因为他确信无疑地看到,他献身于自己家乡州的最大利益,他在家乡父老的评价中赢得了崇高的位置。在立法机构休会期间,他有闲暇时光投身学习,这显然让他得到巨大的满足感。休会期间他还大量旅行,尤其是畅游北方。这使他极大地熟悉了弗吉尼亚以外的物产和民风,并开始同他们之中的领袖人物熟络起来。杰斐逊要他夏天去巴黎和他会面。只要他表示出意愿,许多外事职位即向他敞开大门。但他在时间宽裕时,更乐意于更深入地了解自己的家乡。如果他的生命要在公职生涯中度过——如今这种可能性显得非常大——那么,他的选择是至少目前该留在家乡服务桑梓,他认为这里更需要他,而不是远赴海外。在写给杰斐逊的购书单中,他的研究方向清晰可见。他主要寻求政府管理科学方面的书籍,但是他的兴趣并不仅限于那个领域。他刻苦钻研着博物学家布丰,他非常渴望找到布丰 31 卷本彩页插图,这样他就可以用它们装饰自己房间的墙壁。根据这位博物学家的描述和绘画,他仔细地比较其他大陆之间动物的异同,以及在美洲的相同序列。所有的新发现都引起了他的极大兴趣。他写道:"我非常喜欢新发明的油灯,为了得到这样一盏油灯花掉两畿尼金币我也在所不惜。"他曾看到有"一个直径比手表稍大一点的袖珍指南针,它可以像表一样方便携带。它有一个弹簧,可以在不需要时停止指针的摆动。漫步于西部地区,拥有它们中的一件就非常方便。"他建议,一个小望远镜也许可以作为手柄安装在手杖上,这将是"许多小满足的源泉",当"为了锻炼或娱乐而散步时,那些值得探索却难以接近或无法接近的奇妙之物观察起来将会历历在目如在眼前"。杰斐逊写信给他告诉他出现了一项新发明——计步器,他就想要一个放在他自己的口袋里。这些小事展现了他脑子里的嗜好,同时也展示了一个知足的脑子。

就在写信讲述 1785 年立法机构的重要法案期间,他在一封写给杰斐逊的信中详细地提供了另外一个信息,该信非常有趣,不像 95 年前写成,也不像是他所写。

"I. 拉姆齐在给上一届议会的请愿书中,说他发明了一种机械装置,使用它的小船只需很少的人力就能行驶,速度为每天 25～40 英里,而水流的速度为每小时 10 英里。他希望公开他的发明,或许公众能够购买。他的发明自吹自擂,明显夸大其词,因而遭到了嘲笑,请愿书毫无结果。在州议会休会期间,他向华盛顿将军和其他几位绅士展示了他的机械装置,他们给他颁发了一份表示发明现实可行、意义重大的证书,这使得这届州议会对第二份请愿书睁开了双眼。法案给了一个 10 年期的垄断权,保留的一个权利是任何时候只要支付 1 万英镑他即放弃该垄断权。发明者要求其他州制定类似的法律,我想他不会公开这个秘密,直到他得到（或无望得到）这些法令。"

这个信息显然没有被杰斐逊忽略掉。在收到它的几个月后，他在给一位朋友的信中谈到英格兰的磨坊不久之后即使用水力。他说："我听说你正在美国使用同样的动力驱动船只，我有小小的疑问，但相信它将广泛应用于机器中，因此会取代水力的使用，当然将为航行所有河流敞开大门。"麦迪逊似乎并不是一直怀疑拉姆齐的发明所产生后果的人士之一。他说的这些事情都还没有超过一百年，现在纽约和欧洲之间每天大约有两趟蒸汽渡船。

在一年之后的一封类似信件中，他在重大严肃的政治事务之外，向同一位朋友提起里士满某座山脚斜坡上的一口深井挖掘工作。该地发现，"在地平面下大约 70 英尺处，有几块大型骨骼，它们显然属于不小于鲨鱼的一种鱼类。更奇怪的是，有几块印第安人风格的陶工器皿碎片。在他（挖掘者）深入到这些古玩前，他穿过了大约 50 英尺的松软蓝色陶土。"麦迪逊先生仅仅是刚刚听说了这个发现，他并没有看见地底下的碎片。但他显然认为这个故事来自于"无懈可击的现场目击"，并把它当成了真事。他补充说，还有一个证据，一位来自华盛顿县的朋友告诉他，在挖掘盐井时，发现了"一个不明生物的髋骨，其槽臼直径约有 8 英寸"。这样的事情尤其让杰斐逊感兴趣，而麦迪逊对朋友又是如此真诚，唯恐他不知道。但是，他自己对这些事情同样兴趣盎然，虽然他没有杰斐逊那样浓厚的科学调查习惯。"有着印第安人风格的陶工器皿"被发现埋藏得如此之深，似乎只是让他感到"奇怪"。事实上到目前为止，没有任何记录表明这个特别的事实使杰斐逊产生了更多的联想，尽管非常明显，这非常有可能激起麦迪逊好奇的脑子去寻求某些让人满意的解释。但是，他的地质学见解如此自信，以致上了一定年纪的人甚至都不会产生怀疑。他设想有一位造物主，"造物主在顷刻之间，在我们看见的这个州的附近制造了这些土壤，它非常适合于保存他安置在它上面的人类"。他自己就是一个理论家，他对其他理论家并没有多少耐心，那些人正准备开始探索连续不断的、作为地质年代证据的土壤的结构。不同的岩石地层和它们的联系没有给他造成麻烦。他用一个设想来解释所有这一切，"岩石会生长，它似乎朝着各个方向一层层地生长，就像树枝一样朝各个方向生长"。人类存在的证据被发现的位置，应该有 70 英尺厚的层层叠加的土壤，这并不给他造成困难。如果这个事实特别激起了他的注意，他会用某种精巧的方式解释它们只是偶然发生的结果。

第六章

公共的纷扰与忧虑

1787年2月,麦迪逊在国会再次获得一个席位。这是一个令人焦虑的时期。马萨诸塞州的谢斯起义已经呈现出非常可怕的可能性,蔓延到其他州并不是没有可能。在这次风暴烟消云散以前,国会的重要事务就是筹款和征兵;事实上,要采取行动帮助马萨诸塞州——如果需要的话就得如此,当然表面上的理由是为了保护边境地区的一部分居民抵抗印第安人。这是邦联政府依照《邦联条例》所产生的极端愚蠢行为的又一个令人震惊的案例——邦联政府为了采取行动镇压某州发生的叛乱,只能在条例范围内去找一件别的事情作为镇压的借口。事实上,马萨诸塞州完全有能力处置她的叛乱分子;不过国会召开会议时,纽约并不知道林肯将军在皮特萨姆已经将叛乱分子的主力驱散。尽管如此,类似的问题在其他任何一个州随时都有可能发生,而这个州有可能没有足够的力量应付叛乱。

麦迪逊的理想仍然是联邦高于各州，同时考虑各个州的利益；整体高于各个部分，也兼顾各个部分的利益；柴火捆在一起，枝条不能丢掉。1787年2月，他给埃德蒙·伦道夫写信说道："我们的形势每一天都在变得更加危急。没有钱上缴到邦联国库；邦联权威也没有受到尊重；有识之士无一例外认为，如今邦联的根基正在摇摇欲坠。许多有分量的人士，尤其是东部地区的重量级人士，被怀疑为倾向于专制制度。其他一些人预计，一部分州会分裂成两个或更多的联邦。非常有可能，如果不能对这个'单一的条例'设计并采取某种激进的修正措施，一个或其他更多的类似叛乱将有可能发生，后者毫无疑问会发生。"

并不是没有可能，麦迪逊本人可能曾对这种怀疑产生过某种认同，认为"东部地区的重量级人士"倾向于专制制度。然而对于这种怀疑，可能很难找到真实的证据。毫无疑问，有一部分重量级人士认为并说过专制制度比无政府状态好。毫无疑问，当时有一部分没有耐心的人士认为并说过——就像今天没有耐心的人士一样——国王的统治比人民的统治好。但是，在那些人的心目中根本不存在对政府的不忠，他们只是认为，美洲的英国人必须从英国制度和英国法律的共同遗产中寻找到材料，以建造这个新国家的根基。今天没有一位聪明、正直的人士会怀疑他们的智慧；当时也不会长期受到怀疑，前提是它没有迅速地变得众人皆知——"不列颠"的污名一旦被扣在某个政党头上，呼吁公众从偏见转向理性和常识的任何努力都会变得毫无希望。

有几个人打算消除各州的分裂状况，建立一个中央政府取而代之。那些最热衷于维持各州自治的人士宣称，这样的政府就像是马里兰州的路德·马丁所说的，有着"专制制度的特点"。如果不是专制制度，那是别的什么制度？一个迂回的攻击采取了逻辑推理的形式并变成了普遍的谬误。然而，那些最热心于建立中央政府的人士只是寻求在一个完全没有秩序的地方建立稳定的秩序；或者更糟糕的是，在愤怒的民主名义下，建立无知、邪恶暴民的专制，其中民主存在着烟消云散的危险。不管他们的计划明智或愚蠢，它都不意味着是专制。即使被谢斯误导了的追随者杰斐逊也说："我相信你们可以得到保证，回到类似于他们原来政府的任何理想或想法从未进入过他们的脑海。"正如麦迪逊了然于心并说出来的观点，真正的危险是所有州将会分裂成两个邦联，只有建立一个新的、更明智、更坚强的联邦，才有可能避开灾难。

获得绝大多数州的同意召开会议，只是克服了最小的困难。在举行会议3周前，麦迪逊写道："危机越逼近，我对这个事情就越感到担忧。必须同意召开会议以在某个制度内实现这个设想，随后获得国会的认可，以及各州最终的批准，这将提供一系列的机会，无论如何都会激发起失望情绪，认为另外的选择没有那么可怕。"在那些代表召开会议的第一个月，他说"所有州分裂成不同的利益集团，不是因为它们的面积不同，而是因为其他的环境条件；最重要的前提，部分是气候因素决定的，但最主要的因素是它们是否存在奴隶制。这两个原因共同作用，导致在合众国内形成巨人的利益分歧。它并不存在于大州和小州之间。它存在于北方和南方之间。"

在国会举行会议的最初几个星期里——实际上已经持续了几个月——利益分歧的情况变得如此明显,它随着纬度的不同而不同,以致似乎没有多少希望,认为制宪会议将产生任何好的成果。密西西比河航行权的老问题再次被提起。南方坚持她拥有该河流的航行权,认为这比同北方建立更紧密联邦所带来的任何回报都更有价值;为了捍卫这个权力,她已经做好了同西班牙开战的准备。另一方面,北方各州对密西西比河航行权非常冷漠,显然不打算做出任何努力或牺牲以确保这个权力。恰好在那个时候,它们正急于确保同西班牙签订一个商业条约;但是西班牙坚持认为,缔约的先决条件是合众国放弃对这条入海口位于西班牙境内的河流的航行权的所有主张。北方人脑海里所盘算的,毫无疑问是同西班牙进行贸易的价值。有充足的理由进行怀疑是否值得为这个航行权做出任何斗争,这条河流流经的都是荒芜之地,当时几乎没有居民居住,也几乎不存在任何值得讨论的贸易。此外,北部和东部显然存在着一个非常普遍的观点,认为西部的开发和繁荣将会以牺牲大西洋沿岸各州的利益作为代价。也许这种观点并没有高声宣扬;但是仍然有许多人被它说服,如果东部的人口被西部获得财富和便宜土地的希望吸引过去,那么繁荣和权力也将随之而去。无论怎样,怀有这种想法的人不太可能放弃某种好处,去争取不但有可能对他们而言无利可图而且还有可能对他们造成持久伤害的事情。

基于这些说出和未说出的理由,一开始国会里的北方议员非常希望,为了促成签订商业条约,把密西西比河的独占权交给西班牙。但是为了平息南方的不满,建议对西班牙的让步只有25年。

如果在这个期限结束之时,密西西比河的航行权值得争夺,那么这个问题可以重新提出。不用说,南方对这样的建议不但没有感到欣慰,反而被激怒了。这条河流的航行权不但眼前对他们具有重要价值,而且本来就是他们的权利。有充足理由认为,即使放弃有限的一段时间也不行。如果现在做出让步,随着时间的推延,会使得今后重新主张这个权利变得更加困难。如果必须为它兵戈相向,那么战争往后推迟 25 年,胜利的可能性将会变小。事实上,战争没法拖延,因为小规模的冲突已经开始了。西班牙人已经捕获顺着这条河流进行商贸航行的船只,而美国人也对一些小规模的西班牙人定居点展开报复。此外,西班牙似乎从一开始并不比南方人更倾向于聆听妥协的声音。

英格兰饶有兴致地关注着这场冲突。她自己并不打算重返佛罗里达,她在独立战争中失去了那里,并最终通过《1783 年条约》交给了西班牙;但是,她非常乐意看到西班牙这个强国陷入密西西比河问题的麻烦之中,这比看到它会威胁到合众国的和平与联合更加开心。如果合众国北方和南方各州分裂成两个邦联,英格兰自己阿勒格翰尼山脉以西的边界线也许将会扩展到五大湖以南地区;但是,除了领土方面的全部诱惑,她还乐意于发生任何可能会阻止她过去的殖民地发展壮大的事情。

然而幸运的是,在费城制宪会议召开之前,由于无法确保缔约,这个问题得到了解决。西班牙大使贾多奇在经过长期的反对之后终于同意接受对该河享有 25 年航行权的妥协;但是,愿意在前进路上做出任何妥协的杰伊先生,在谈判进入这个阶段时发现,即便条约进行这样的修改,他在国会里也无法确保有足够的选票可以使条约获得通过。迄今为止,他一直依赖于 1786 年 8 月国会通过的一项 7 个北方州赞同、5 个南方州反对的决议。这被认为是废除了一年之前的决议,并授权大使有权订立条约。一年之前的 1785 年 8 月的决议通过时有 9 个州投票赞同,它被认为符合《邦联条例》所宣称的条款:"同外国列强缔结条约必须得到 9 个州的同意。"少数派认为,只有 7 个州投票同意,这样的决议不能被废除,因为它违背《邦联条例》的基本条件。现在很容易理解,受人尊敬的人士对于这样的条款应该不会存在分歧。尽管如此,杰伊先生得到了北方一些强力人物的支持,坚持认为 7 个州的投票以一种间接的方式授权通过了一个法案;尽管对于这样的法案宪法的规定是:除非 9 个州同意,否则永不合法。因此,大使继续他的谈判,并与西班牙大使达成了协议。

4 月份,杰伊大使被要求向国会报告谈判的情况。随即,它第一次公开显示条约实际上已经达成,放弃密西西比河航行权四分之一世纪。但是情况也迅速明朗化,在议会的各种动议中,签订这样一个条约曾经所依赖的 7 张赞成票——如果这个票数最终有用的话——至少降到了 4 票。新泽西州的代表接到指令,不同意在使用密西西比河问题上放弃合众国的权力;宾夕法尼亚州的新代表改变了该州的投票态度;罗德岛同样也转变成另一个立场。"总之,可以这么认为,"麦迪逊写道,"关闭密西西比河这个计划寿终正寝了。"

这些细节并不重要。45 年之后麦迪逊写道:"此时我重返国会的主要目标就是,如有可能即推动取消杰伊关闭密西西比河的计划。"很可能当时谁也没有想到,没过20年路易斯安那省将属于合众国,届时他们在这条河流上航行的权利将不再有任何争议。但是,只要从北纬31°密西西比河两岸往南直至墨西哥湾仍然是外国人的领土,它就是领土延伸到密西西比河的南方诸州最重要的事情,对该河通行权不可能做出任何让步。如果同西班牙签订的放弃该权利的条约要实行,南方诸州将被迫在失去密西西比河和失去联邦之间做出选择,他们将会做出什么样的选择,这是没有任何疑问的。这不是一个可以推迟到费城会议之后再进行处理的问题;如果之前不处理好,那个会议可能将无法举行。

麦迪逊的信件显示,由于这个问题悬而未决,他万分焦虑。他欣喜地看到,南方对于这个问题上下一心,不会做出一寸让步。他非常自信他自己的州将会扮演领导角色,并坚定宣示南方的观点,事实上它很快就扮演了这个角色。不过让他高兴的是,这个问题在派出代表参加费城会议的法案通过前,并没有进入到弗吉尼亚立法机构。对此他认为是个重要胜利,随后费城会议代表很快得到任命;但是,他对这个会议能否产生任何好的结果仍然感到绝望,除非"杰伊先生关闭密西西比河的计划"首先被废除。

在最近的一篇文章中,麦迪逊先生被描述为同肯塔基的代表在弗吉尼亚议会"做了一个交易",同意支持一项与密西西比河问题有关的请愿书,条件是肯塔基(当时是弗吉尼亚的一部分)的代表将投票支持弗吉尼亚出席费城会议的代表。"交易"意味着用一件事情交换另一件事情,而麦迪逊根本没有任何想法同意关闭密西西比河，以换取对他希望确保投票的一项措施给予支持。此外，根本没有必要进行交易。在弗吉尼亚找到这样一个人并不是件容易的事——需要游说才会认为密西西比河航行权必须不能放弃。1786年10月，麦迪逊给门罗写信说："立法机构将会像希望中的那样热烈地捍卫这个权利。事实上，唯一的危险是，许多反对联邦委员会的人士可能会纵容过多的愤慨。"他唯一的恐惧是，担心密西西比河问题在安纳波利斯会议的报告得到解决之前进入弗吉尼亚议会；如果安纳波利斯会议的报告被接受，那么费城会议代表的任命将得到保证。11月，他给华盛顿写信说道："我希望这个报告在密西西比河问题开始发酵之前，将会被要求解决。"事情的发生正如他所愿。"安纳波利斯会议的建议，"他在一周之后写道，"即赞同对邦联制度做普遍的修改，被一致（着重号为麦迪逊所加）通过。"后来他给杰斐逊报告说："将密西西比河交给西班牙的计划，在先前的措施获得通过之后被提交到了州议会。"此时既没有耽误也不存在困难，可以确保州议会一致同意决议，指令国会代表反对同西班牙进行任何妥协。但是麦迪逊的焦虑并没有随着费城会议代表的迅速任命而得到些微减轻；因为就像他随即给华盛顿所写的信中所言："我完全相信我在此处（里士满）的观察——除非国会的计划能够改变，将这个国家带入一个合适邦联制度的诸多希望将会破灭。"在同一封信中他已经说了，关于密西西比河问题的决议"在众议院获得了一致通过"，而在这封信写完的3天之后，费城代表被任命。

第七章

制宪会议

麦迪逊先生被称为"宪法之父"。他起草的一份文件被放在他的弗吉尼亚同事面前，放在费城制宪会议面前，它奠定了所谓的《弗吉尼亚方案》的基础，《宪法》就是从这个方案发展而来。另一方面，他的名字和《宪法》紧紧联系在一起，只要一方不被忘记，另一方就会被记着。制宪会议上他扮演的角色积极而引人注目，从有关会议进程完整、忠实的报告里，我们了解了会议的绝大部分内容，使我们能够真正、永远地了解与会人士的困惑与磨难、妥协与胜利，了解什么是明智的法案与脆弱的法案。他们聚在一起举行会议，已被时间证明是人类历史上最重要的事件之一。

当时同样清楚的是，没有谁比麦迪逊工作更努力，或许没有谁这么努力地将公众引入对时局的严肃思考，并确信如果各州要连接在一起，政府必须重组。当几个月之后新《宪法》为各州所接受，似乎人类从来没有更好的理由不满足于他们努力的结果。然而，没过多长时间，甚至连麦迪逊也开始怀疑联邦的这个新纽带的特质，以及依靠它保存了什么类型的政府。经过了差不多30年，在他离开人世之时，依照新《宪法》确定了什么样的联邦这个问题也没有真正得到解决；这个宪法工具通过四分之三世纪之后，也没有形成更完美的联邦、建立公平正义、确保国内和平、推进大众福祉，以及将自由的福祉洒向所有人民——这些都是1787年的伟大宪章打算制定和构建的内容。《宪法》设计者们努力摆脱的所有困难，比起遗留给他们子孙的那些麻烦，小得不值一提。

两个党派参加了会议。当然在某一点上，他们意见一致，在其他方面，则从未达成任何一致。一致意见就是，《邦联条例》之下的联合政府失败了，除非立即设计出某种补救措施，有着共同地区利益的州将会滑向分离或敌对的国家。两派之间的分野泾渭分明，有一段时间似乎无法克服。一派建议对《邦联条例》进行简单修补，就像他们对一个失常的机器进行大修一样；另外一派则建议制定全新的《宪法》。一派只想要一个"联邦"政府。然而，这并不是另一派（该派很快被称为"联邦党人"）奋力追求的那个词的意思，他们想要的是一个各州的联盟，每一个州都独立于其他州，自己的权力至高无上。与此同时，为了管理特定的共同利益，同意在一个有限政府下同其他州联合在一起。

各州独立的理想是古老殖民制度的残余物，当时每一个殖民地与国王都有着它自己的特殊关系，都有着各自的利益，获得了各自的发展。每一个这类殖民地都变成了一个州。有人认为，独立革命确保了每个州获得了自己的独立。事实上，通过共同的努力，它们并没有因此而联结成为单一的国家。它们联合在一起是根据某个原则所形成的法律结果，即每个州——不是每个州的人民，无论其人数多寡——在邦联政府里应按照相同的投票权被代表着，就像《邦联条例》之下的它们，因为这样一个政府是各州的联盟，而不是人民的联盟。

有人争论说，所有人回到自然状态，都是同等的自由和独立；当政府形成，每一个人根据自然权利，对于政府的形成和它随后的行为都拥有平等的权利。当人口很少时，城邦的每一个成员亲自行使他个人的权利，没有谁能合乎法理地超出这一点，而无论他多么聪明、多么强大，或多么富有。但是，随着人口增加，全体人民管理的政府变得笨拙和不方便时，单个民众将他们的行使权托付给代表们，他的权利一点也不会丧失，而所有人在选择和指导代表时都拥有同等的发言权。因此，当各州联合成邦联，每个州对于邦联政府有着相同的关系，就像在一个单独的州内个人同其他人之间的关系。各州自由而平等，没有谁因为它比其他州人口更多、更加富有，或更加强大，就会在邦联中拥有更大的权利。在这样一个邦联里，并不是单个公民被代表，而是单个的州被代表。在这样一个邦联里，1万人口的州和5万人口的州，其代表权都相同。有人认为，平等的选举权保留在各州的平等之中；与此同时，各州单个公民的代表权在现实中将会是选举权不平等，因为州的自治将会被忽视。如果在这样一个例子中被问道：多出来的4万人从自然继承而来的权利变成了什么？答案是，那些权利被州政府保留和代表着。尽管如此,困难仍然存在:在实践中如何协调各州拥有平等权利的原则(有的州可能人数很少)与全体人民实际权利之间的关系,因为根据构成民主基础的原则,整体的利益必须由大多数人决定。

一些人提议仅仅修订原有的《邦联条例》,反对制定新《宪法》,认为根据这样一个宪法形成的政府将不是一个联邦政府,而是一个全国政府。路德·马丁回到马里兰州时说,出席的代表们"完全已经忘记我们被派往这里的任务……我们没有被派来建立一个美国居民被视为单个人的基础之上的政府……我们授权要建立的政府,是建立在13个州之上的政府;但是,在我们的议程中,我们接受的原则只有在这个假设基础之上才正确、合适,即州政府根本不存在,这片广袤大陆上的居民都自食其力,没有政府,处于一种自然状态。"他补充说:"在整个制度里,联邦的特点有且只有一个,即任命参议员是各州主权范围之内的事——这由它们的立法机构负责,以及在参议院里各州有着平等的投票权;但是,这个特点可以说只是在外表上具有联邦性质。"

参议院——会议所说的第二议院——的创立,不用说部分是源于要满足或服从于类似的理性分析。几乎没有谁想要抛弃州政府,就像与此同时没有谁想要一个专制制度。马丁说:"我们一直感到困惑,困惑于不列颠政府的辩论和先例。"他一直没有超越头脑中固有的观点,即认为他所反对的那些人决心要建立"一个覆盖于这片广袤大陆之上的君主专制的普遍政府"。如果他以及赞同他的人士真诚相信这是真的,非常自然地,经常提及的不列颠先例充满管理智慧、是美国建立政府的向导这种观点,在失去"烧肉锅"之后应该被视为明确的期望。很可能，在一个没有或充斥着内部争吵的危险时刻州政府将会被废除掉，"政府带有专制性质"的这个国家或许会漂回到它原来的忠诚上去。如果有人担心或者说过，他们担心这个观点并不是十二分地真心诚意，那么几乎难以抵抗的诱惑就是利用这样的论据激起公众的偏见，反对政治对手。令人好奇的是，麦迪逊似乎完全没有意识到他在《联邦党人文集》的文章中，曾大量、频繁地提到不列颠宪法，这或许会强化反对人士的那些指控；尽管他有保留地相信，其他人身上的相同事情证明他们倾向于英格兰，他知道他本人完全没有这种倾向。

路德·马丁等异议分子太激进，没有等到会议结束就离开了，当时他们看到要建立他们希望中的邦联是不可能的。然而，有人一直待到会议结束，他们真诚相信建立一个坚强的中央政府的代价必定是毁灭州政府，这样的人并不多。还有一部分代表的态度是，如果当时存在可能，他们就会提出毁灭州政府这种建议，他们的数量更少。大家共同的观点和决心是，州权必须保留；这并不困难，方式是限制更高一级政府或者不久之后被称之为"联邦政府"的权力，以及通过第二议院参议院这个机构实现，在参议院里各州有着平等的代表权。小州满足于这个妥协，大州希望实现它，不仅是为了联邦的利益，而且是出于公平的考虑，他们在联邦中拥有的是同样属于各州的权利。正如麦迪逊在这个问题的辩论中所说，以及他在这个问题解决之后一再重复的，它的真正困难并不存在于大州和小州之间，而是存在于北方和南方之间，存在于那些拥有奴隶和不拥有奴隶的州之间。

《宪法》关于奴隶制问题的表述给19世纪的废奴主义者——事实上也给其他所有人——造成了非常大的困难,它同样给18世纪将其纳入《宪法》的那些人造成了巨大的麻烦。当时最睿智、最善良的一些人,包括南方人和北方人(麦迪逊是他们中的一员)都反对奴隶制。他们无法从中看到多少好处,甚至几乎看不到这个充满罪恶的现存制度有什么补救措施。当时邦联里几乎没有哪个州不存在着废奴组织;这个国家的杰出人士几乎没有谁不在这些组织中担任职务,或至少是其中一员。在南卡罗来纳州北部的各个地区,奴隶制被看做一种不幸,亟待尽早得到解放;梅森-迪克森线以北的各个地区,已经采取或即将采取措施将其终结;根据关于俄亥俄河以北所有土地的管理条例,该地区的奴隶制被国会完全禁止,同一年制宪会议召开。

然而尽管如此,奴隶制仍然继续存在,且当时反奴隶制的人士能够同意它,并不觉得违背任何良心道德。尽管奴隶制糟糕、愚蠢、浪费、残忍,对于任何尊重人权的理由都是一种嘲弄,但是他们并不认为奴隶制完全邪恶。如果他们这样认为,那就让我们希望他们可能已经洗清了干系。因为它只是一个权宜之计,为了联邦的利益,他们应该保护奴隶制度,并给予奴隶主作为奴隶主的、某种程度的政治权力。拒绝蓄奴州加入联邦的想法,很可能并没有发生在这些最热心地反对奴隶制的人士身上;因为那样的话,将明白无误地得出结论——联邦将不会存在。那就是麦迪逊一再重复的观点,这个问题面前的真正困难,不是大州和小州之间的分歧,而是蓄奴州和非蓄奴州之间的分歧。如果对于这个问题没有达成一致，联邦将不会存在。

  也许一些人希望而不是相信，奴隶制在南方可能会像在北方一样，经过一段时间会消失。然而，他们的观点是否明智存有疑问，他们过多地依赖于希望，有点儿一厢情愿。最简单的事实是，当时的奴隶制和接着延续了四分之三世纪的奴隶制一样，是南方最重要的利益所在。撤销或漠视它不仅困难，而且鲁莽，可能会直接导致危险和灾难，谁也不愿意主动去碰触它，除非是出于最高程度的责任感；或者事情紧迫必须处置，其中根本不存在具有男人气概的逃避方式。绝对的责任感是缺乏的；他们的希望是，这种必要性或许通过妥协可以避免。只能对那些制定它们的人说，他们没有看清楚他们在《宪法》播下的种子中，哪些产生了未来的诸多麻烦。

第八章

"妥协"

　　与北方有关的问题是，能做出的让步有多大；南方的问题则是，它侵犯的范围有多大。这主要牵涉黑人的代表权问题，即乔治·提克诺·柯蒂斯在他的《宪法史》中所称呼的"不重要的异常现象——没有政治权利或社会基本权利的人群的代表权"。不管会上代表们对于这个议题的观点如何千差万别，此时此地没有谁认为这个问题"不重要"；在接下来的80年里发生的政治事件，也没有哪件不受其影响，有着广泛关联。一开始，部分代表坚决主张奴隶人口根本就不应该拥有代表权。在会议的最初几天，汉密尔顿提议："全国立法机构里的选举权应该按照自由居民的数量划分。"麦迪逊同意在一个立法机构里接受这一安排，他建议选举国会其他立法机构的代表时，奴隶应当算做自由居民。参议院随后的章程采纳了这一建议。

　　但是，为什么完全要给奴隶代表权？"他们不是自由的行为主体,"来自新泽西州的参会代表帕特森说,他们"毫无个人自由,没有获得财产的能力;恰恰相反,他们自己就是财产,并和其他财产一样,完全服从于主人的意志。弗吉尼亚有谁根据他的奴隶数量拥有相应数量的选票?如果黑人在他所属的州没有代表权,那为什么在全国政府里他们就应该有代表权呢?……如果一个奴隶州实际召开一次民众大会,奴隶们可能会投票吗?他们不可能。那么为什么他们在联邦政府里应该有代表权呢?"这里有且只有一个答案,但是这是一个不可能明智回答的答案。被代表的是奴隶财产,奴隶主在彼此争论时并不这么认为,尽管他们在联邦里同不是奴隶主的人士争论时仍然是一个整体。在他们中间,奴隶制不需要保护。他们的安全是平等的。但是就他们的最大利益而言,每一个不拥有奴隶的人天生都是敌人。谨慎的做法是,他们永远都不缺少某个权力——能把他选下去或买上来的权力。如同谨小慎微一样,它更多地是一种本能考虑,因为热爱生命是第一法则。这个真相在麦迪逊似是而非的断言中被遮住了,"每一个特殊的利益,不管是属于任何阶层的居民,还是属于任何类型的州,都应该尽可能得到保证。"然而,这种既属于民众也属于州、镶嵌于《宪法》之中的唯一"特殊"利益,就是奴隶制。

因此,宾夕法尼亚州的威尔逊问道:"把奴隶视为公民,那么为什么不把他们视为和白人一样具有平等地位?把他们视为财产,那为什么其他财产不被视为代表权的计算单位?"然而,他倾向于承认,"出于妥协的必要,要克服它"非常困难。

也许在立法史上,从来没有哪个议题比它经过更加严肃的讨论。妥协通常被理解为双方各自让步做出调整，而让步双方都各有其合理之处。对于这个议题，它意味着是否某一方——它的主张连合理的影子都沾不上边——同意对其全部主张做出一小点让步。这是一种类似于土匪和他的猎物之间达成的妥协，此时前者不想惹上枪杀后者的麻烦，要把后者的衬衫留给他。不难理解，只有当财产计作代表权的基础时，马和牛才能被公正地统计。然而被统计的奴隶，他们在法律的眼中既是私人财产也是不动产；黑人被算做公民有代表权，相当于承认四条腿的所有牲畜都有代表权。尽管如此，他们被计算在人口数里，相应地他们主人的代表权也增加了，这使得公民权的不平等成为了这个政府的基本原则。当然，这样形成的是寡头政治，而不是民主政治。实际上，这个政府掌握在某个阶层手里，从《宪法》通过的那一刻一直持续到1860年革命；而那个阶层，包括那些在他的最好的地产里只拥有一两个奴隶的并不重要的小人物，可能从未超过全体民众的百分之十。

是否可以大胆地指出，在受人尊敬的建国之父们的脑海中，对于这个问题有着奇怪迷惑之处。他们不能明白无误地去除掉某个观念，即认为奴隶作为人，计算人口时应该被包括在内，当然把他们计算为公民时，他们肯定无法再作为财产的代表。奴隶作为奴隶时，是南方的财富，就好比船只是北方的财富；但是奴隶作为人时，他们的脑子并没有震惊于把奴隶计算为固定代表权基础的人口数，尽管现实中他们只代表着主人的所有权。但是，如果把北方的船只按3/5的比例算做人口，那么没有谁在看到这个荒谬做法时，会觉得有所损失。即便65年后的一个辉格党人韦伯斯特也明白,那不仅仅是一个"不重要的异常现象"。在这个会议上,没有谁比莫里斯总督的头脑更清醒。然而他说,他"被迫宣布自己陷入了一个尴尬的处境——应该对南方州还是对人类天性做出不公正的事?他必须面对前者做出选择"。南卡罗来纳州的C. C. 平克尼宣称,他对于这样的声明感到"震惊"。然而,假如这个问题仅仅在计算人口时被提及,莫里斯将会发现根本不"尴尬",而平克尼也没有任何可以"震惊"的。这个问题对于人类的普遍感情曾经激起的如此明显的暴怒,很可能只会被他们两人一笑了之。

然而,莫里斯对平克尼的回复变得更加大胆、直白。他说:"这正是讨论这件事情的时候。"他来到那里,是为了"制定一个有利于美国的契约。他希望并且相信所有人都将加入这样的契约。如果他们不愿意,那他将做好准备加入任何愿意缔结这个契约的州。但是,由于这个契约是自愿的,对于东部州而言,坚持南部州从来不会同意的那些主张是徒劳无益的。同样徒劳的事情是,后者要求其他州从来不会承认的事情:他真切地相信宾夕法尼亚的人民将永远不会同意黑人享有代表权。"他的意思是,黑人被计算为人类拥有代表权,所代表的不是他们自己,而是像计算船只一样,是为了增加那些拥有它们作为财产的奴隶主的代表权。第二天,他"说"得更加直白。他说:"如果黑人被视为居民……他们应该按照他们的全部数量计算,而不是按照五分之三的比例。如果视为财产,财富这个词就是正确的,"即作为代表权的基础。麦迪逊和其他人建立起来的北方州和南方州之间的区别,他认为是歪理邪说,毫无根据。但是这个观点得到了坚持,并且"他看到,南方的绅士们不可能满意,除非他们在公共委员会获得优势的渠道畅通无阻……(北方和南方之间的)区别,要么是虚拟的,要么是真实的:如果它是虚拟的,就把它撇开,然后让我们怀着该有的信心继续开会讨论;如果它是真实的,就不要试图将无法共存的事情混合在一起,而是让我们立刻采取友好的行动,彼此分手。"

但是,他们能"采取友好的行动,彼此分手"吗?邦联可以在南方提出的条件上获得拯救吗?或者,如果这个条件遭到拒绝,就像莫里斯所提议的,它还能是一个平等的邦联吗?第二天,莫里斯再次提出真正的问题,声音不大,但是千真万确。他说:"现在大家似乎已经非常清楚地认识到,真正的利益分歧不是存在于大州和小州之间,而是存在于北方州和南方州之间。奴隶制和它的后果形成了分界线。"他非常清楚,坚决重申这个观点有时候具有巨大的威力。只要奴隶制持续下去,他当时反复告诫的教诲就永远不会忘记。当时及此后南方政治中的"分界线",存在于"奴隶制和它产生的后果"。一方丝毫不会削弱它的要求;这里根本不存在"和平分手"的可能,除非另一方决心克服对于邦联的期望,并对这些后果采取同样坚定的行动。

然而,当这个问题再次被提出来,莫里斯并没有失去信心。他说的话,和现代废奴主义者说的话无异:

> "上帝从来不会同意维持国内奴隶制。这是一种邪恶的制度。它是上天降临在奴隶盛行的合众国里的灾祸。在中部州的自由地区,富足与高尚的文化同人民的繁荣与幸福铭刻在一起;与它相比,痛苦与贫穷盛行于拥有奴隶的

弗吉尼亚、马里兰和其他州那些寸草不生的荒野之中。穿过北美大陆旅行你将会看到,景色随着奴隶制的出现和消失会跟着改变……越往南,你往奴隶制广袤地区每迈出一步,展现出的荒野会随着这些悲惨人类的增加而增加。黑人奴隶的代表权问题应该按照什么原则进行计算?他们是人吗?那就把他们算做居民,并让他们投票。他们是财产吗?那为什么其他财产不被包括在内?这个城市(费城)的房子,比遍布于南卡罗来纳的稻米沼泽地里的悲惨黑奴们加在一起的价值更加值钱……北方州牺牲了正义的每一个原则,牺牲了人道主义的每一个前进动力,对北方提出的赔偿将会是什么?它们要联合在一起,召集它们的民兵保卫南方州,帮助南方捍卫他们的每一个奴隶——北方所反对的奴隶吗?一旦遭到外国入侵,他们必须提供船只和海员。立法机构将拥有无限的权力对他们征税,方法是对进口货物征收消费税和关税,降临到他们头上的这两种税收,比降临到南方居民身上的税收多得多;北方自由民消费武夷红茶所缴纳的税收,比悲惨的奴隶所有的消费都要多,后者的消费仅仅只是维持他的身体需要,以及遮蔽他赤裸的身体……不用说,直接税与代表权成比例。这种想法是懒惰的,即认为全国政府能直接伸出它的手,伸进散落在这个广袤国度民众的口袋里……上帝宁愿立刻自己为合众国里的所有奴隶交税,也不愿给子孙后代配备这样一个马鞍——一个不完美的《宪法》。"

所有这些，已经不是预言，而是事实。没过多少周，这个热情的雄辩家在《宪法》上签下了自己的大名，尽管此时《宪法》支持奴隶制的比重变得更大。毫无疑问，在部分代表中间存在着某种赞同他的声音。但是，几天之后南卡罗来纳的拉特里奇关于非洲奴隶贸易延续问题的辩论，给大家留下的印象更加深刻。他说："宗教和人性与这个问题没有任何关系。只有利益才是所有国家的统治原则。当前真正的问题是：南方州该不该成为邦联的一部分。如果北方州仔细查阅它们自己的利益，北方将不会反对增加奴隶——这将会增加运输量，而北方是运输者。"来自于康涅狄格的奥利弗·埃尔斯沃斯回复说："让每个州进口它所乐意进口的。奴隶制是否道德或明智属于各州自己考虑的问题。能给一部分带来财富的东西，也会给整体带来财富。"他或许可以补充说，特别是在纽波特和它的邻近海岸，与非洲海岸有着它自己的奴隶贸易。

但是，弗吉尼亚的乔治·梅森则是另外一种口吻。他称这个贸易"可恶"。他说："奴隶制阻止了艺术和制造业。当体力劳动由奴隶承担时，穷人会蔑视体力劳动。奴隶妨碍了白人移民，白人才能真正使这个国家变得富有和强大。奴隶对风俗习惯产生了最有害的影响。每个奴隶主天生就是一个小暴君。奴隶将上天的审判带到了这个国家。由于各个国家无法在另一个世界进行奖励或惩罚，他们只能在这里进行。由于一种无法避免的因果关系，上帝以国家灾难的形式惩罚这个国家所犯下的罪恶。"

这些警告都值得深思。但是埃尔斯沃斯以嘲讽的口吻反驳说："因为他从未拥有过奴隶，他不能判断奴隶制对于品格有何影响。"

但是，他说道："如果从道德的角度来考虑，我们应该走得更远——解放我们国家的所有奴隶。"但是，如果走得那样远，他认为这"对于南卡罗来纳和佐治亚不公平"，在它们"疾病流行的稻米沼泽地里"，黑奴死得如此迅速，以致应该采取一切干预措施防止进口新的非洲黑奴进行劳作，当然也防止他们死在那里。或许正是受到康涅狄格这位代表敏锐辩护的启发，半个世纪之后密西西比的农业社会出于经济的考虑，每隔几年使用一批黑奴，然后从弗吉尼亚引入一批新的黑人取代他们的位置，这比自然增长更便宜——依靠自然增长得给予黑人作为男人和女人的正常待遇。埃尔斯沃斯的同事罗杰·谢尔曼支持他的建议。罗杰·谢尔曼认为，禁止奴隶的海外贸易是全国政府的责任，并且这应该保留在它自己的权力范围内，它很可能已经这样做了。但是，如果南方州将保护奴隶贸易变成同意《宪法》的条件，他不会将它留作全国政府能力所及之事，他承认政府将会或很可能这样做。

佐治亚和南北卡罗来纳的代表宣称，那就是条件，南卡罗来纳的C. C.平克尼是他们中的一员。他说："他应该考虑反对这个条款，它如同把南卡罗来纳从邦联中排除在外。"尽管如此，他对聚在一起考虑《宪法》的家乡人民说："我们如此弱小，我们自己不能形成一个联邦，我们没有足够强大到能完成保护彼此的使命。没有同其他州联合在一起的联邦，南卡罗来纳肯定很快就崩溃。"南卡罗来纳一直是在玩自吹自擂的勃莱格扑克牌游戏。南卡罗来纳的政策在制宪会议上给出了它的第一个教训。关于它的后果，不妨参照平克尼对他的选民所做的总结：

"根据这种解决方式,我们确保了20年有限制地进口黑人;它并没有宣称,那个时候进口会被停止;它或许可以继续下去。我们得到的保证是,全国政府永远也不能解放他们,因为没有给予这样的授权。……我们获得了重新找回我们奴隶的权力,而不管他们在美国的任何地方找到了避难所,这是此前我们不曾拥有的一项权力。简言之,考虑到所有的情况,我们制定了最好的条款,确保了这种财产,处置它是我们的权力。如果有可能,我们也许做得更好,但是从整体上看,我并不认为它们不好。"

几乎不可能做出比这更温和、更有价值的表述。

对于海外奴隶贸易问题,麦迪逊几乎什么也没说,但是同卡罗来纳以北的绝大多数南方代表一样,他反对海外奴隶贸易。他说:"20年所产生的不幸,只能从进口奴隶的自由这个角度进行理解。迄今为止,没有什么条款比《宪法》对于它只字不提更让美国人的品格丢脸。"尽管他说的是他自己的话,但是这些词有一点含糊不清。不过,他的意思非常明显,即保护这种贸易将使国家蒙羞。在同一天关于这个辩论的另一条款上,他说道:"在《宪法》里承认这个观点——人类可能是财产——是一个错误。"这样一种财产只要延续下去,他就渴望将其视为南方的巨大利益进行保护;但是,他不愿意以《宪法》认可的方式,允许非洲奴隶贸易延续20年,从而强化它。但是他认为,就像他在《联邦党人文集》中所说的,"20年的期限可能会永久地终结这些州的奴隶贸易,这是赞成人性的一次巨大胜利，这个贸易长期以来一直大声地控诉着当前政策的野蛮和粗暴。"他补充说："已经做出的尝试是试图侵蚀这个条款，让它反对《宪法》，这代表着对一种非法实施的犯罪的容忍"，这个尝试是一个误解，他认为不值得回复。

事实上，这是一个筹码，他一直没有同意，并且现在有可能不会注意到要讨论它。在提出奴隶贸易问题的莫里斯州长建议下，一个航海法案和一个出口关税提案被提交给一个委员会考虑。他说："这些事情可能会在北方州和南方州之间形成一个交易。"当委员会报告支持奴隶贸易，C.C.平克尼提议，对它的限制应该从1800年延长至1808年。马萨诸塞州的戈勒姆支持这个动议，接着它获得通过，在马里兰、北卡罗来纳、南卡罗来纳和佐治亚的基础上，增加了新罕布什尔、马萨诸塞、康涅狄格的支持票。

委员会同样报告一个关于多数票的替代方案，此前与商业有关的法律要获得三分之二的票数。达成妥协没有遇到太多的困难，佐治亚的1位代表，以及南卡罗来纳的4位代表中的3位支持它，后者中的2位代表明着说，他们这样做是为了满足新英格兰的需要。C.C.平克尼说，它意味着"南方州的真正利益是根本不要商业法规"；但是他同意这个建议，并且他的选民将会在其他考虑中"调和这种自由"，因为他们会考虑"（新英格兰州）对于南卡罗来纳观点的自由行动"。毫无疑问，这意味着突然宣布一种友好的感情。杰斐逊在他的《弗吉尼亚记事》中有关会议成员乔治·梅森职权的章节说，佐治亚和南卡罗来纳已经"与3个新英格兰州达成了一个交易，如果他们承认奴隶制20年的期限，两个最南的州将会加入它们变更条款,该条款要求,在任何投票中都要得到三分之二的立法机构赞同。"

这些问题的解决,对于引入与逃亡奴隶有关的问题是一个有利时机。南卡罗来纳的巴特勒立刻提出一个条款,将确保他们回到主人身边,提议没有任何评论地获得通过。正如平克尼在前面引用的片段里所说:"这是一项重新找回我们奴隶的权力,而不管他们在美国的任何地方找到了避难所,这是此前我们不曾拥有的一项权力。"

值得注意的是,奴隶制问题的解决方案被认为是完全而彻底的,正如他们所称呼的,"这些妥协"似乎只是对于那些制定他们的人而言。它们意味着——正如麦迪逊先生所称呼它们的——"这个国家不同部分不同利益的调整",并且一旦达成,它们被认为具有条约的约束力和稳定性。奴隶制的罪恶被提出来作为谈判的一个要点,但是关键的道德问题根本就没有提出来,即将这个制度归入被禁止的恶行之中。它被认为是,根据这个协议的条款,不管产生什么样的结果都是有限的;然而事实上,实际后果没有预见到,并且不能保证反对它,除非拒绝接受任何形式的协议。

在牵涉政治原则的所有其他问题上——联邦政府和州政府的合理关系,大州和小州之间的关系,政府的行政、立法和司法部门的运行规则——《宪法》的制定者们提出的方案带着深邃的智慧。当某个人评论这个成果的伟大和特点时,麦迪逊的结论似乎一点都不夸张:"除了这些思考,还有人们对于所有新的、复杂问题看法的自然而然的千差万别,不能说《宪法》达到了和谐的程度,但最终接受的条文差不多是一个奇迹。"尽管如此,对于《宪法》能够经历多长时间的考验,存在着最严重而又最焦急的怀疑;然而,《宪法》作为一个自由人组成的国家的政府制度延续至今,实际上没有发生改变。但是,《宪法》设计者们认为,他们最聪明的地方,实际上是他们最脆弱的地方。他们认为已经永久解决了的问题,实际上他们并没有解决。《宪法》的所有"调整"中,奴隶制显而易见正是没有得到调整的问题。

麦迪逊对于这个结果的责任,和其他每一位代表一样,一分不多一分不少。无论他还是他们,不管过多还是过少地反对奴隶制,都没有看到这个制度对于个人的权利是颠覆性的,没有一个公正的政府会容忍它。这个问题留给了下一代人,甚至下一代人也是慢慢才明白。对于建国之父们,从最坏的情况看,它只是一种令人遗憾的、痛苦的社会状况,它可能被很好地清除掉,前提是这样做付出的牺牲不太大;但是,他们屈服了,就像其他任何不幸一样。

然而在它存在期间,麦迪逊认为,奴隶制作为南方的利益尽管不应被鼓励,却应该被保护。问题的解决变成一种权宜之计——形成联邦,或分解联邦。他知道,或者他觉得他知道,联邦的分裂将会是什么样子。也许他被误解了。联邦的分裂如果真的来临,或许将会是通向真正联邦的道路。麦迪逊在他休会一个月后写道:"南卡罗来纳和佐治亚在奴隶制问题上僵化死板。"采纳了这种僵化死板制度的联邦将会是什么样子,他并没有预见到。它只是儿童的幼牙,刚刚长出。

第九章

批准《宪法》

　　会议结束了,麦迪逊为《宪法》付出的努力并没有停止,尽管当时他对《宪法》的前景并不充满信心。会议结束不到一个星期,他给杰斐逊写信说:"我斗胆提出一个观点,有可能被批准的这个计划既不可能有效地实现国家的目标,也无法制止地区灾难,这些地区灾难激起了对各州政府的厌恶。"

　　但是,这种感觉似乎很快就烟消云散。也许,当他全身心地仔细研究所取得的成果时,他发现从整体上看,《宪法》的公平均衡是如此地公正、真实。他现在全身心地投入其中,证明《宪法》确实达到了它的目标,它所有的、各个部分的调整都是明智的,他所认为的通往一个完美的各州联邦道路上的种种障碍,都被成功克服,各州的权利得到了精心的保护,而必要的全国政府也得到了保证。正如他多年来深信不疑的,一个美洲国家能否建立取决于一部国家

《宪法》能否达成。如今他相信《宪法》的框架已经达成，它的通过取决于认为需不需要一个国家。9月他给杰斐逊写信时，尚处于疑虑之中。2月，他给彭德尔顿写信说道："很多时候，我相信拟议中《宪法》所回答的问题是一个简单的问题——这个联邦该不该维持下去。在我看来，没有中间地带可走。"

那些想召开第二次会议以修改第一次会议成果的人士，从他这里得不到响应。他不仅怀疑新《宪法》能否做得这样好，他甚至怀疑新《宪法》有可能根本就达不成。对他而言，要么就是这个《宪法》，要么根本就没有。他在《联邦党人文集》中说道，在参考了他刚刚描绘的联邦解体后的灾难图景之后，"每一个人……每一个热爱和平的人、每一个热爱他的国家的人、每一个热爱自由的人，都应该把这件事摆在他的眼前——他也许在心底珍藏着一份对于美利坚联邦的合适的忠诚，并能够建立一套合适的价值体系去评判维持联邦的手段。"这个"手段"就是《宪法》。

《联邦党人文集》共有80篇文章，他写了29篇，汉密尔顿写了46篇，杰伊只写了5篇。这些著名文章，比其他美国书籍的名声都要大，仍然被普遍认为是，它们与其说是知识，不如说是信念。但是在当时，每一个有思想的人士都把新《宪法》印在脑海里、挂在嘴边，当这些文章在一家纽约报纸的多个专栏一篇接一篇地迅速刊载时，人们争相传阅。它们是一个军械库，当时所有卷入争论漩涡中的人士都能从中找到最便于他们使用的武器。政府一直以来是什么样子，政府应该是什么样子，这些美利坚诸州根据他们的新《宪法》形成的政治联邦将是什么样子，关于这些问题，文集的作者们试图回答对于它们的所有合理质疑，同时让所有的无端抱怨沉默下来。如果麦迪逊3月初不被召唤回弗吉尼亚，毫无疑问，他所撰写的文章数将不止文集的五分之二，因为这是他最感兴趣的工作，而这些文章深受欢迎，将会把一个慵懒的人激发得和他一样用功勤奋。

但是，弗吉尼亚制宪会议代表选举的拉票工作迫使他赶回家乡。他被提名为他自己家乡的代表，他的朋友们要求他在选举前赶回来，因为有理由担心，主流观点站在了错误的一方。亨利、梅森、伦道夫、李，以及弗吉尼亚其他一些最有影响力的人士都反对《宪法》。要应对这些强力人物，必须得有参加会议的某位人士出马；同时，麦迪逊得深入民众之中进行树桩演说，为他自己的选举拉票。即便如此，他觉得在这样一个紧急关头，如果需要，他愿意采取行动——尽管他说过这样做有可能会牺牲掉所有私人意愿，以及牺牲掉他开始公职生涯以来他所严格坚守的原则——不用说，就是直接或间接地为自己争取选票。

非常有可能，麦迪逊先生几乎没有那种一直被认为是雄辩、事实上是某种雄辩的天赋。也许我们可以相信他的同代人的报道，尽管他的演说缺乏某种优雅的风度，但他并不缺乏赢得听众、令人信服的力量。他的辩论即使不一直是、也经常是经过了精心的准备。如果说他的辩论里没有花哨的表演，那就没有让人无法忘怀的事实。如果说他探讨的议题缺乏想象力，那将根本不存在历史性的说明。如果说他的辩论方式被遗忘了，他的辩论方法却没有。他的目标是快速证明并进行坚持，让错误变得清楚无疑，把正确放在它该有的位置，呼吁理性，而不是时髦和偏见。他用清晰的逻辑之光、坚实的事实和扎实的知识，努力说清他的理由。他深信，他的听众像他一样相信真理，而不是依靠让人惊奇的和谐转调和优雅动作去捕获听众的判断。不仅他的邻居，还包括本州最狂热的联邦党人，委派他参加这个会议。正是在那个地方，他所拥有的那种雄辩才能尤为需要。每一寸战场都经过了浴血奋战，要击败对手即使不是不可能，也是困难重重。《宪法》从开篇到结尾的每一个字，都经过了艰苦的战斗。"让我问问，"帕特里克·亨利在他的开幕词中喊道，"他们凭什么有权说'我们所有人民'而不是'我们所有州'。"他在会议一开始就展开攻击。这就是接下来的战斗的标准口径，辩护者受到挑战，要求证明当时迫切需要一个比现存的邦联更好的联邦，此外，一个更好的联邦被这个新《宪法》装饰一新。

随着时间一个月接着一个月地过去，《宪法》被摆放在人民面前，要求批准，联邦党人更加焦虑，担心批准的州到不了必不可少的9个州。但是，当8个州确定批准，如果弗吉尼亚州成为第9个同意批准的州，那就有可能出现所有州都批准的希望。如果她说"同意"，联邦将非常完美，因为剩下的州几乎可以确信将跟随她的脚步。但是如果她说"不"，即便剩余州中的某个小州同意批准，确保了必不可少的9个州，那最终出现什么结果谁也不清楚。当然，这个结果并不完全取决于某个人，但是它更多地取决于麦迪逊，没有谁起的作用比他大。

这次会议持续了将近一个月。会议开到一半的时候，他没有多少信心。他给华盛顿写信说道："整个事情正处在所能想象的最棘手的状态。无论它的最终结果倒向哪一边，获胜的票数确定无疑都会非常少，我不敢激起太多的期望，认为它将会是乐意看到的结果。"但是，他的担忧让他受到了激励，而不是使他泄气。他始终站直双腿准备战斗，始终做好准备以迎接辩论并回之以辩论，始终及时地呼吁民众从热情回归理性，迅速地去芜取精、去伪存真而不仅仅是辩论，并把观众的脑子带回冷静的思考——此时此刻关系重大千钧系于一发，本次会议承载的责任重如泰山。其他人并不是不如他热情、聪明，但是他轻易地占据主导，当日的重担和热量主要落在了他的肩上。也许会议召开之时反对《宪法》的人占多数，但是它最终却以 89 票对 79 票被批准通过。至此，剩余州里的反对声浪变得毫无希望。

新罕布什尔州在弗吉尼亚州批准《宪法》前几天接受了《宪法》，不过弗吉尼亚当时并不知道这一消息，因此在罗德岛开会讨论之前，已经确保了必不可少的 9 个州这个数目。尽管如此，正如我们今天所看到的那样，正是由于弗吉尼亚州的批准决定，永久联邦的问题才真正得到解决。如果弗吉尼亚州的投票是另外一种结果，很有可能汉密尔顿将无法说服纽约州，或者北卡罗来纳州和罗德岛有可能最终决定独自留在联邦外。如果只有 9 个州联合在一起，而横亘在它们中间的 4 个州独立在外，这样的历史将会如何不得而知，去想象推测也毫无用处。一些州附加了批准《宪法》的条件，添加了《权利法案》，提出《宪法》修正条款，建议将它提交给第二次会议，然而当里士满获得了 10 张票的获胜票时，所有这些事件都相形见绌，变得次要。这些问题都可以往后推迟。"推迟几年，"麦迪逊给杰斐逊写信说，"将会缓和设计者们人为制造出来的嫉妒，与此同时将暴露出要求修订《宪法》并不明智。"

里士满会议一结束，他立刻回到纽约，那里邦联国会仍在举行会议。那个机构现在能做的事情很少，唯有决定新政府就职的时间和地点。麦迪逊已经步入生命的第38个年头，我们可以从他当时展现给一位聪明外国人的、关于他个人生活的描述之中，看到他的一个有趣剪影。1788年8月他给杰斐逊写道："瓦维拉·布里索先生刚刚到达这里。"这位就是布里索·德·瓦维拉，一位信奉新哲学的法兰西人，不过他的头颅在几年之后被他的同胞砍掉；当时他刚刚抵达美国，打算观察这个新生共和国的进展状况。他的足迹几乎遍及所有州，会见了这个国家中的大部分杰出人士，他小心明智地利用他的诸多机会进行观察。他回到法国后，编写了一本有趣的著作——《在美利坚合众国的新旅行》，该书仍然可以在一些老图书馆中查阅到。他对于麦迪逊的描写值得重述，不仅是为了了解麦迪逊给一个善于观察的陌生人留下的印象，同时也是考察他那个时代的人对他的品格和声望的评价，这些评价肯定是德·瓦维拉从别人那里收集得来的。

"麦迪逊的名字，"他写道，"在美国广受赞誉，在欧洲也广为人知，这源自他的同乡和朋友杰斐逊先生写的、关于他的理应获得的颂文。"

"尽管仍然非常年轻，他已经为弗吉尼亚、为美国联邦、为普遍的自由和人性做出了伟大的贡献。他和怀特先生一道,为改革他家乡的民法和刑法贡献良多。他在批准新的联邦制度的会议上,表现尤其杰出。弗吉尼亚为批准它僵持了很长时间。麦迪逊先生凭他的滔滔雄辩和缜密逻辑,说服会议代表们下决心接受它。这个共和党人看起来约有38岁。我看见他时,他显得有些疲劳,这也许是过度劳累的结果,在过去的很长时间里他全身心投入辩论之中。他的外貌像一个审查员,他的谈吐表明他善于学习,他沉默少言,对自己的能力和职责有着清醒认识。"

"就在他邀请我参加的晚宴期间,他们说起北卡罗来纳州拒绝接受新《宪法》。反对他的多数派达到100个。麦迪逊先生相信,这个否决对于所有美国人的思想没有影响,它阻止不了国会的运转。我告诉他说,尽管这个否决在美国也许被认为微不足道,但是它在欧洲却可能有着巨大影响;他们永远不会追寻指导它的拒绝行动的种种动机;也不会认为这个州的拒绝行动在联邦中只有着微弱的影响;它将被视为是分裂的发端,认为将会阻碍国会的运转;这种想法显然将会阻止美国信用的复活。

"麦迪逊先生将这个否决归结为,该州大量居民把否决同他们的纸币和他们软弱的法律联系在了一起。他确信,这种状况将不会持续很长时间。"

10月,弗吉尼亚众议院举行会议。三分之二的代表反对新《宪法》,他们的领导人就是帕特里克·亨利,他反对《宪法》的热情并没有丝毫减少,尽管他在过去的批准《宪法》的会议上遭到了失败。那个代议机构批准的《宪法》不可能被收回。但是,州众议院至少能够抗议它。在亨利的带领下,州众议院呼吁国会召开第二次全国会议,再做一遍第一次全国会议所做的工作。立法机构将选举新政府下的第一届参议院参议员。它同时将弗吉尼亚州划分为多个小选区,选举国会下议院的代表。在通常的公平情况下,就像弗吉尼亚最近在全体会议上接受《宪法》,当时占多数席位的政党有权至少往参议院派出一名代表。但是亨利提名了两位,并且有可能得到足够选票让他俩都当选。按照现代政党的惯常做法,这似乎毫无争议。实际上,如果现在哪位政治人物不利用这样的优势为他的政党谋取利益,那将被认为是不适于现实政治的运作。但是一百年前,这却被认为是过于刺眼的做法,亨利的坚定支持者中有相当一部分人拒绝这样做。亨利提名的两个人中,一位以多数票当选,超过麦迪逊20票;但是另一位的多数优势却缩水过半,麦迪逊再有5票即可当选。

然而,他既不期望也不愿意被派往参议院,而他希望被选举进入众议院。参议院想成为更有尊严的机构,要求它的议员有一定生活格调,对此拥有一定的财富必不可少。麦迪逊没有履行这种官方职位的那种社会资源,但是对于要求成员不必那么阔绰的机构,他能够承担得起它的费用要求,因为他的全部家当,可能就是一个寄宿公寓单身宿舍里的东西。

正如他在给华盛顿的信中所说,弗吉尼亚是"所有批准《宪法》州里的唯一例外，那些州的立法机构紧跟民意变化，并通过会议上的代表们体现出来。"这个例外使得亨利和他的绝大多数朋友选举的是代表"立法机构政治"的参议员，而不是根据全国《宪法》选举体现"人民意志"的代表。但是在众议院代表的选举中，要求体现人民意志的呼声再次被提出来，此外，必须找到一个新方法以体现立法权的至高无上。马萨诸塞州的艾尔布里奇·格里非常聪明，许多年后他面对同样的处境时，为这个国家的语言引入了一个新词，在当时它被认为是美国政治运作中的一个新手段。但是一直以来所谓的"不公平划分选区"的做法，实际上是帕特里克·亨利的发明。这种作法是根据各县的政治喜好划分国会选区，而不管它们的地理联系，亨利就试图按照这种方式划分麦迪逊先生自己的县。把他和遥远的县划在一起，期望通过集中反联邦的多数票，最大可能地确保他败选。麦迪逊给杰斐逊写信说，把他选入参议院的努力"被亨利给击败，他在当前的立法机构里无所不能"。他补充说，亨利"把各县划入议会选举选区时同样费尽心思，把最信奉他的政治观点，以及最有可能由于政治偏见而转向的县市同奥兰治县划在一起，以激起反对我的声浪。"然而，这个安排并没有成功，也许部分是源于义愤，愤慨于为了打击政治对手手段如此卑劣，激起的义愤在全州回荡。麦迪逊进入自己的选区积极拉票，反对詹姆斯·门罗——他被提名为一位反联邦党的温和派，麦迪逊击败了他。时值隆冬季节，在他的多次长途骑行中，他的耳朵暴露在外，被冻坏了。在此后的岁月里，有时候他会指着这些伤疤嘲笑说，这就是服务自己家乡的收获。

亨利机关算尽太聪明，他的"不公平划分选区"同其他奇怪而有用的招数一样，给它的最初发明者既没有带来好处，也没有带来声誉。假如亨利行事光明磊落，如当代政治人物般胸襟广阔，明白最能服务自己政党的人最能服务他自己，那么他将像安排奥兰治县那样处置本州每一个支持联邦的县市。由于他公然要满足一己私欲，他所激起的仅仅是愤慨的巨浪，最后把自己给淹没了。假如他为了政党的普遍利益分散开他的子弹，也许他能打下他所瞩目的鸟儿。

第十章

第一届国会

邦联国会在1788年的最后一次会议上,确定了新《宪法》下总统和副总统选举的时间,以及新政府第一届国会举行会议的时间和地点。被确定的时间是次年3月的第一个星期三,这一天刚好是那个月的第4天,这形成了传统,此后一直作为新总统的就职时间。会议地点并不容易确定,得在纽约和费城之间做出选择,争夺旷日持久,问题并不在于政府临时驻地的延续时间太长,而是因为这个决定可能会影响到未来永久首都驻地的确定。

1789年3月4日,出席纽约新一届国会的议员并没有达到法定人数,众议院直到4月初才被组织起来。23日,华盛顿抵达纽约。30日,他站在华尔街和百老汇街交界的邦联会堂的阳台上,宣誓就任合众国第一任总统。今天这个地方被另一栋建筑所占据着,用做国库的分库。此前一周,就职典礼采取什么仪式成了国会讨论的议题,总统和副总统的头衔问题也在考虑之列。会议决定总统抵达时,副总统应站在议会礼堂门口迎接,引导他坐到椅子上,穿着正式礼服通知他参众两院准备就绪,可以观瞻总统就职典礼。"到了这个时候,"约翰·亚当斯在3年后的一封信中写道,"我从我的位置上站起身,询问参议院有何建议:我应该给他穿什么样的衣服,应该称呼他'华盛顿先生'、'总统先生'、'先生'、'尊敬的阁下',还是其他称呼?过去我发现,通常情况下他要求军队叫他'阁下',但是坦白来讲我更喜欢不称呼他头衔,就称呼他'先生'或'总统先生',而不是称呼他的头衔,把他和百慕大总督、他手下的大使,以及我们任意一个州的州长放在同一个级别上。"

随后,这个问题提交给参众两院组成的一个协商委员会。该委员会报告说,任何时候都没有哪个头衔比《宪法》授予的总统和副总统更合适。参议院不同意这个报告,任命了一个新的委员会。新委员会建议,应该这样称呼总统:"殿下、合众国总统和他们自由的保护人。"此时,这些睿智之士的行为非常荒谬,他们在创设自己君主的特权。参议院同意了这个报告,但是众议院有充分的理由反对它;不过,众议院同意把这个问题搁置起来。关于这一过程,麦迪逊先生在给杰斐逊的信中做了如下评述:

"我的上一封信附上了总统就职演说的复件,以及众议院的回复。我现在附加上参议院的回复。你肯定已经看出来,前者是以一种真正的共和党人的天真口吻向合众国总统乔治·华盛顿致辞。后者跟随前例,省略掉个人姓名,但是除了《宪法》规定的头衔,没有其他任何头衔。众议院对于这个问题的讨论完全是自发的。参议院拾人牙慧继续讨论有点牵强附会。这个问题在参众两院之间变成了一个严肃的议题。约翰·亚当斯怀着巨大的热情支持有关头衔的辩论事宜。他的朋友 R. H. 李,尽管被选为一个反对贵族《宪法》的共和党人代表,其热衷程度仅次于亚当斯。(新)建议的头衔是:'殿下、合众国总统和他们自由的保护人。'如果这个议案通过,它将把总统置于险峻的处境,给我们襁褓之中的政府留下深深的伤痕。"

华盛顿有时候被指责为希望得到"殿下"这个头衔,并建议这样做。如果确有其事,麦迪逊肯定知道,此外,他肯定不会断言,此事一旦成真,这样的头衔将把总统置于"险峻的处境"。关于亚当斯先生,麦迪逊也许是弄错了,他很容易会弄错,因为亚当斯不是参议院的成员,他很可能只是听说了关于这个问题如何送到参议院的一个混乱报道。正如刚才引用的亚当斯先生的信中所显示的,亚当斯认为麦迪逊的这个指控是一个污蔑,非常愤慨。按照他自己的描述,他给他们提出的建议仅仅是,他倾向于称呼"先生"或"总统先生",认为这比"阁下"的称谓更合适——那时候阁下常用于称呼州长,现在也是如此。他很可能没有进一步参与辩论,但是有可能他在私底下曾宣称,他倾向于使用比"总统先生"或"阁下"更显要的其他头衔,这也不是不可能的事。他在一封写给朋友的解释信中说道:"因为坦率地讲,我觉得有别于其他职务的得体而温和的头衔，在社会上不仅无害而且实用。在这个国家，我知道人民赞美这些头衔，就像他们的文职官员被所有民众，以及世界上的所有文职官员高度赞扬一样。我觉得在全国政府和州政府的文职官员之间做某种区分，这更为合适。"如果得有任何头衔，一个区分也许就足够合适了；但是，认为好的手工织品胜过千疮百孔的旧衣服，这种想法肯定更明智。假如那件破衣服被当成是合法的制服，它反映出的荒谬几乎让人惶恐不安——举国上下对头衔趋之若鹜的做法可能会沿袭到我们这一代。

　　从3月4日到4月1日，尽管众议院每天都举行会议，但出席的代表一直达不到法定人数。众议院除了自身组织的有关事务外，摆到它面前的第一件实际事务，就是由麦迪逊在总统就职仪式两天之后提出来的一项建议。这个建议打算对进口商品征收关税，并对运送货物、器皿和商品进入合众国的所有美国和外国船只征收吨位税，以增加财政收入。此前邦联从头到尾的一个根本弱点，通过实行统一的商业制度得到了补救。政府必须有财政收入才能维持下去，但产生财政收入的方式不能让人民难以忍受。麦迪逊先生说，商业"应该像各国政策将会承认的那样自由"。但是，政府必须得到财政支持，而负担最小、最容易征收的税种来自于征收各种进口税。不过，正如他在讨论的第二天所言，他赞成部分代表的观点，即调整外国货物的进口税，以保护这个国家的"幼稚制造业"。这个问题在第一届国会的开幕会议上，进行了长达6周的辩论，鲜有中断。没有哪个问题比这个问题所造成的冲击更能彻底检验联邦新纽带的韧性。议案打算废除几个州的全部商业法规——

迄今为止各个州都觉得这些法规对于它的繁荣至关重要。这个国家的各种利益都要考虑到,它们千差万别有时甚至相互冲突的权利主张都要协调好。

新英格兰确信,如果糖浆的税收太高,酿酒厂将被关掉,大批新英格兰工业将被摧毁。损害远不止这些。捕鱼业和酿酒厂一样,将会毁灭。因为捕获上来用于供应西印度群岛的五分之三的海鱼,在其他任何地方都找不到市场,而西印度群岛的市场之所以存在,是因为在那里海鱼可以用来换取糖浆。对糖浆征收高额关税,或征收可能会严重影响到它的进口的关税,几乎会摧毁整个捕鱼业。这样一来,美国海员的培育基地将会变成什么样子?没有海员,造船业也将不复存在。还有什么场景比没有朗姆酒、没有鲟鱼、没有海员、没有船只的新英格兰更糟糕的呢?人们很容易就能想象到,即使在隐忍克制、高贵庄严的第一届国会里,也不缺乏认真严肃、让人警醒的谏言,更有甚者,在平静的古德休、深沉儒雅的埃姆斯和冲动的格里这样一群人士的口中,也会说出一些威胁性的话语。

南方从它自己的角度而言,除了其他事情,还担心过高的吨位税将让它的烟草、大米和蓝靛由于没有船只运往市场,会烂在田地里和仓库中。她没有自己的船只,也不可能有,因而她邀请全世界的船只前来运走她的产品,回头运来她所需要的全部商品,以满足自己的消费。南方种植园主根本不关心新英格兰可能毁灭的场景,而是望眼欲穿地盯着地平线,徒劳地希望能看到桅杆升起;在他的身后则是一群无所事事、饥饿而危险的黑人。议案同时提议,对每一个进口黑奴征收10美元的人头税,它所造成的孤立感似乎完全属于最南方的州。简言之，整个议题困难重重。这个问题说白了就是如何对所有物品进行征税，与此同时，还得让每个人相信这个计划是为了共同的利益，没有谁的特殊利益被牺牲掉。麦迪逊先生暗示的"幼稚工业"，事实上在最终的修正案中并没有受到特殊照顾，当时它们过于弱小，甚至不知道叫嚷着要求哺乳。尽管它们仍然"幼小"，此后它们却变得强壮起来；它们对麦迪逊的感激却从未停止，不过他是在无意之中给自己留下了一个让它们感激百年的好名声。

然而争论最为著名的部分，是讨论弗吉尼亚帕克先生的提议——对进口奴隶进行征税。如果预先知道后来事态的发展演变，这个提议可能被视为是保护北方奴隶州的"幼稚工业"。但是，当时最异想天开的人士也想象不到，几年之后会出现国内奴隶贸易，届时弗吉尼亚财富的一项主要来源将是它的"原产庄稼"——用船只运往新奥尔良和贸易市场的年轻男人和女人。但是，帕克先生并没有见不得人的动机，他宣称，让他感到遗憾的是《宪法》未能禁止从非洲进口奴隶。他希望他的建议能在某种程度上，阻止一项他认为"非理性和不人道"的运输贸易。在那个时候，想找到这样一位弗吉尼亚人非常困难——当他听闻一项罪大恶极的行为发生时，没有放下他手中的机关枪撒手不管。这项罪大恶极之事就是有人潜伏在他家厨房门口，期望买下他房舍里最强壮的年轻人出口到西南部。

从关于这个议题不完整的辩论报告中，我们可以做出判断，似乎与奴隶贸易有关的交易——两年之前制宪会议上新英格兰和南部诸州达成的交易——仍然得到很好的履行。或者,应该有一个新交易;或者,很可能双方信任一个永久适应于这些事务的、心照不宣的默契,在立法机构同时威胁酿酒厂和奴隶船时找到共同的理由。[1] 不管怎样,南方极端分子以鲁莽的方式做出惊人之举,差点扰乱了《宪法》的妥协;北方极端分子不赞成关于财政收入议题的任何讨论,都把它当成非常多余的事情。康涅狄格州的谢尔曼先生认为,帕克先生动议的原则,是为了纠正一个道德上的罪恶;摆在众议院面前的议案原则,则是为了增加财政收入。在其他某个时候,他可能愿意从人道和政策的角度考虑对进口黑人进行征税的问题;但是就他而言,有足够的理由不承认它是一个仅由两个州承担的财政负担问题。马萨诸塞州的费舍尔·埃姆斯只从他的良心进行考虑。他说他从心底厌恶奴隶制。他显然忘记了这个税收的提出源于《宪法》,他怀疑征收该税"会不会留下印象,授

---

[1] 11年后,禁止从美国港口运送奴隶贸易的问题被提了出来,罗德岛的约翰·布朗在国会里说道:"我们的酿酒厂和制造工厂过去由于广阔的销路都慵懒地躺着。他一直被清楚地告知,在那些(非洲)沿海地带,新英格兰的朗姆酒比最好的牙买加烈酒更受欢迎,更能卖到好价钱。为什么不把它运到那里,并赚取一个利润丰厚的回报?为什么做这种一本万利的生意,(奴隶贸易商们)受到的处罚是沉重的罚款和被投入监狱?"60年后,在罗德岛的普罗维登斯又出现了另一位布朗,他是新英格兰堪萨斯互助社委员会的一位成员。他由于没有时间履行自己的职责,打算退出委员会。事实上他已经递交了他的辞职申请,然而此时传来有关约翰·布朗在哈伯斯渡口的所作所为的消息。辞职申请立刻被取消,理由是这似乎不是布朗这样的人士从奴隶制问题上撤退的时刻。这么多名字上的巧合真是绝妙的讽刺!

权同意进行"奴隶贸易。这就是他希望暂缓考虑这个议题的理由。然而，新罕布什尔州的利弗莫尔先生更为天真。他认为，如果进口黑人是货物、制品，或商品，他们将适用于这条法律，按照百分之五的普遍原则征税，这大体相当于一个人头10美元的税率。但是，如果他们不是货物、制品或商品，那么这样的进口就不适于包括在此之列，不属于此类贸易项目征税的财政问题的考虑范围。

麦迪逊先生在同事的帮助下挺身而出，揭穿新英格兰奴隶贸易贩子联盟的诡辩。如果说该法案没有合适的名称涵盖这个特殊税种，那很容易加上去。如果说因为这个问题是一个人道问题而不是一个税收问题，按照其他任何法律对其征税，都和按照这个法律一样，处理起来将会十分困难。如果这个税收似乎并不公平——因为它沉重地落在了单独的一个阶层头上，那么将有充分的理由免掉许多毫不犹豫进行征收的税种。如果说10美元的税率似乎过于沉重，掐指一算即可知道，它仅仅相当于拟议中的、适用于其他大部分进口商品的百分之五的从价税。他补充说："希望通过对这种贸易表达一种全国性的不支持态度，我们也许能摧毁它，将我们从责难中拯救出来，使我们的后代不愚蠢地与一个充斥着奴隶的国家永远相伴。""如果有任何一个法律条文，"他继续说道，"我们能从中尽可能合宪地清楚表明这个国家的政策，以适应于一些州政府进行的各种实践，那么这条法律即属此列……它是佐治亚州和南卡罗来纳州的利益，也是联邦其他任何一个州的利益。他们的奴隶数量每增加一个，都会削弱他们，降低他们的自我防卫能力……这是全国政府的必要责任，以保护帝国的每一个部分抵御国内或国外的危险。因此,可能会增加这种危险的每一件事,尽管它有可能仅仅是一件地区性事务,如果它涉及全国性的利益或安全,它将变成联邦的任何一个部分都会考虑的事务,成为那些掌管着政府的全面管理人士考虑的合适议题。"除了马萨诸塞州的艾尔布里奇,没有一个北方代表支持这个措施。南方代表中,除了由麦迪逊担任领导的3位弗吉尼亚议员,也没有谁赞成议案。由于《宪法》对海外奴隶贸易有一个20年的保护期,用来作为与两个南方州和新英格兰之间的交易,因此现在它所产生的同样影响粉碎了征税的想法,这个征税被当做《宪法》保护之下的贸易整体考虑中的一部分。这不是一个令人信服的事实,但是实实在在它却是一个事实,以及合众国历史上的一个典型事例。麦迪逊获得的伟大声誉是,他对事情的参与既不多也不少,恰到好处。

经过6周激烈的讨论,达成了一个友好而满意的协议,对几乎所有进口商品征收一项温和关税,非洲进口的奴隶除外。从字面上看,它是一项增加财政收入的关税;但是非常清楚,它却是一个什么也没解决的解决方案,除了使《宪法》关于进口奴隶征收10美元关税的条款变成了一个死结。至此,自由贸易政策建立起来,就非洲奴隶而言,直到1808年的宪法限制和《国会法案》,这项贸易才被建议废止。[2]

---

[2] 关于这个议题随后的立法,是一个精巧独到的奇怪范例,凭借它奴隶主们厌恶的所有法律都被清除掉了,非常明显,它不可能被票数的力量所击败。1806年做了最后的尝试,对进口奴隶征收10美元关税,通过的解决方案支持这个建议。它被提交给一个委员会,并附有将其列入法案的(转下页)

保护国家的商业利益——而不仅仅是财政收入——的决心，在修订吨位税税率上，比修订进口税税率上表现得更加明显。经过多次辩论之后，普遍同意美国商业最好掌握在美国人手里，并制定了国内和国外船只的吨位税之间存在 20 美分的差别，以作为保护美国航运业的一项措施。麦迪逊先生建议差别更大些，但是众议院仅同意对那些与合众国尚未签订条约的列强的船只，差别增加到 40 美分。然而，参议院拒绝接受这个区别，坚持所有外国船只适用于相同的吨位税，而不必考虑现存条约。众议院担心该法案可能会全部落空，表示同意。对于外国船只实行不同税率的想法，很明显是针对大英帝国，似乎这个帝国的名字被白纸黑字地写在了法案中。事实上，法案并没有尝试进行隐藏，因为它公开宣称，除了英帝国外别无让美国产生恐惧的对手——英帝国已经在很大程度上控制了合众国的商业。在有关这个问题的各种辩论和最终结论中，清楚无疑地显示着观点和情感的区别，这个区别很快即划

（接上页）指示。一个法案被提交出来，交给委员会再次审议，被强迫视为迄今为止的三读，这拖延了一年。当它再次现身，变成禁止进口奴隶的法案，根据《宪法》条款，这项贸易应在 1808 年终止。经过多次辩论，这个新问题被延迟要做进一步考虑，其中并未提到征税之事。但是它此后从未在众议院出现过。一个月后的 1807 年 2 月 13 日，参议院提出一项法令，规定次年 1 月 1 日起终止国外奴隶贸易，(众议院)收到后立即表示赞成，似乎是悄悄地接受其作为整个问题的解决方案。(进口奴隶) 从来没有征过税。但是，尽管法律规定在 1808 年停止进口，奴隶进口仍然照常进行，据估计每年进口量约为 15000 人。也许它从来没有完全停止过，直到 1860 年叛乱开始。

了一条分界线，分界线两边站着的是《宪法》之下第一个四分之一世纪里的两大政党。没有人提前预见到，这个不同政见在未来的日子里是如此地痛苦，而随之而来的灾难性后果也没有谁提前知晓。

麦迪逊先生是最狂热地坚持实行不同的吨位税率以对付大英帝国的人士之一。他认为，这样做不仅是为了合众国的利益，同时也是为了合众国的尊严。他说他毫不担心"与那个国家卷入一场商业战争"。他相信，英格兰仅凭它所能找到的任何和平的报复方式，都无法让这个国家有丝毫损伤。它提供给合众国的货物，无论是必需品还是奢侈品，合众国的人民都能自己生产出来。他把一些人称为"亲英派"，这些人不赞成他的观点，认为大英帝国占据主动，能极大地阻碍或帮助合众国的繁荣。这不是什么美利坚买不买英格兰商品的时刻，而是英格兰同不同意在它的殖民地进行自由贸易的时刻。在每一件事情上，和解比公然反抗大英帝国更为明智。同样明智的是，引导她结成一个友好的商业联盟，而不是激怒她报复这个国家脆弱的、被她强有力地控制着的商业。此前麦迪逊对于有关他的部分指控模棱两可，一些人希望国会由小州组成，为了反对有人打算建立坚强的全国性政府，指控他倾向于英国和君主制。然而，如果一边是亲英派，那另一边即使不是大部分、也有相当一部分是亲法派。他给杰斐逊写信说，参议院可能不会制定有区别的吨位税，他觉得，在这种情况下"大英帝国将尽情享受我们的贸易，因为它可能会乐意于遵守它，而法国在竞争中的努力将会被打消，在这种努力所推进的利益中，我们的利益并不比法兰西少。"不管怎么看待新政府对于英格兰的这第一次让步，非常肯定的是,他对于此事的表态更像一位即将到来的政党领导人而不是政治家所为。正如他所说的,也许不用怀疑,他真诚地觉得这"不明智,每一个可能会被这个议题所用到的观点,都立刻站在大英帝国是最受欢迎国家的立脚点上。"但是很明显,他脑海中的美国利益和英国利益的关系与法兰西和英格兰的关系联系在一起,这很快变成了美国政治中非常有趣的一个问题。

紧接着进口商品分类课税法案之后通过的其他法案,对于维持第一届国会治下的新《宪法》的运转,其重要性丝毫没有降低。立法的方向似乎一致同意托付给麦迪逊先生,他是这个机构的诸多能人之一,毫无疑问,原因在于他对《宪法》烂熟于心,处事圆融。他确信要按照事情的应有顺序向推前进,果断地提出立法以应对最为急迫的需要。征税法案确保了工作的手段,接下来的必要事情就是组装机器开始工作。外交部、财政部和陆军部三个行政部门的成立方案都由麦迪逊先生提出。《宪法》以笼统性的语言对这些部门做了要求,每个部门的最高领导由一位官员担任,由总统"咨询参议院并取得其同意后"任命。《宪法》规定了下级官员的任命方式,但他们的免职方式却没有规定。是不是官员的任期取决于他表现的好坏?任期内可以免除吗,需不需要理由?如果存在免职的权力,那它被赋予在任命权里面了吗?是由总统和参议院联合行使,还是由总统单独行使?

由于《宪法》不置一词保持缄默,因此这个问题的解决不得不依靠其自身的性质、特点而定。所能提出的全部论点,不管是支持这一方还是另一方,今天我们都足够熟悉,因为它类似于经常出现的问题——州宪法和市政章程发生变动，以及讨论文职机关改革的必要性时出现的问题。然而，现在和那个时候有着本质的区别，我们所熟知的免除官员职务权力的危害，当时只是模糊地认识到。麦迪逊先生认为，任免官员的权力，正当讲属于最高行政长官；如果由于一些不恰当的机会，错误的人找到了他通往那个职位的门路并滥用了赋予他的权力，"（那么）恶意免除称职的官员"，他说，"将会使总统受制于弹劾，并使他无法获得高度的信任"。

像这样崇高的政治原则在现代政党纲领里可能仍然能找到：

"他们的灵魂被熏黑了，他们的心被撕碎了。"

但是麦迪逊至少相信，他信任它们。政治和宗教一样，存在着大家认可的、基于信仰的公正原则；也许，他一直坚持这个观念，12年之后他作为杰斐逊的国务卿，当时他从他的上司那里知道，"联邦党人很少死去，也不会辞职"，他认为出于党派政治的需要，要求必须找到一种补充方式，以补充这个自然法则。杰斐逊在运用这个补救措施时，还有一丝羞怯；然而麦迪逊非常长寿，能够看到杰克逊在他的总统任期里，肆无忌惮地免掉2000名政府官员，因为他需要这些职位犒赏他自己的政治支持者。如果麦迪逊的原则是正确的，那么从那时候到现在，或许每一位总统都称得上"肆无忌惮"滥用权力，可以被弹劾。

尽管《宪法》已经被各州批准，但是在这些州的内部并不是没有反对的声音。为了应付这些反对声浪，杰斐逊先生提出了12条修正案，以宣示确凿无疑的、基本的普遍权利——许多人认为这些权利在最初的《宪法》条款中没有得到足够保护。这之所以被遗留下来交给他做，毫无疑问，同样是因为他熟知《宪法》知识，熟知它的条款尚未完善，以及熟知有的事项《宪法》最好不要去干预。经过长时间的辩论，修正案最终获得通过，本质上通过他提议的条款，接着在合适的时候，被合众国批准为《宪法》十条修正案。没有被接受的两条建议，仅仅是与众议院的代表数量和国会议员的报酬有关。

有人希望这届国会达成一项协议，选择一个地点作为联邦政府的永久驻地。当时对于财富、土地和人口中心，以及未来此类中心可能出现的位置，存在很多争论。但是，这个问题实际上是一个地区利益问题。一方面，北方代表被指责为同中部州的代表在私底下达成了一个交易。然而，这个交易仅仅是：鉴于不可能找到事实上的中心作为首都的选点，应该坚持找到一个尽可能接近这个中心的地点。另一方面，南方决定，政府所在地应该选在南方州的边界上。对它们来说，这个结果志在必得，根本没有讨价还价的余地。离人口中心最近的、可以通航的河流是德拉华河；但是，对于任何有利于费城的选点方案，纽约都会出于妒忌而从中作梗。萨斯奎哈纳河被提了出来。该河注入切萨皮克湾。正如谢尔曼先生所示的，在它的北方，居住着140万人；在它的南方，居住着120万人。南方想把首都建在波托马克河上，并不是因为它是当时的人口中心，而是因为随着西部的开发，将来某个时候它或许会成为人口中心。另一方面，有人坚持认为，当时波托马克河的南方只有96万人，而在它的北部有168万人，波托马克河并不比萨斯奎哈纳河更便于西部往来。此外，对于许多代表来说，谈论西部的壮丽未来，似乎根本不值得考虑。费舍尔·埃姆斯说，西部是"一片无法测量的荒地"，并且"等到它开发完毕时，所有的考量早就时过境迁，毫无意义了"。他补充说："将这个决定建立在西部开发的条件之上，这是一种非常浪漫的做法。很可能差不多得经过一个世纪，西部的人口数才值得考虑。"他在同一个演讲中的说法接近于正确，他认为，"贸易和制造业将吸纳更多的人口前往东部州，与南方相比，这个比例是 5∶3。毫无疑问，这种不平衡将会变得越来越大，比我计算的都大。当前，由于南方的气候和黑人奴隶制对人口没有吸引力，这种不平衡实际上更大，因此畜牧业和商业、制造业一样，将会给东部带去更多的人口，而不是前往南部州。"然而，众议院最终通过的决议是，"合众国政府的永久驻地，应该在宾夕法尼亚州萨斯奎哈纳河岸某个便利的位置"，接着一个法案相应地被送往参议院。

假如参议院同意了这个法案，那么美国历史上许多五彩斑斓的篇章可能从来都不会发生。因为事件的进程将会是截然不同的另外一个方向，它对于首都周边地区头一个 50 年的影响将会产生在北方，而不是南方。但是，参议院没有同意这个法案。"萨斯奎哈纳河岸方便的地点"被 10 英里外的德拉华河上的一个城镇所取代，它开始于距费城 1 英里的地方，包括日耳曼敦。众议院同意了这个修正案，这个事情有可能就到此为止，麦迪逊除外。他费尽心思，力求将这个地点选在波托马克河上，但是遭到了失败。因此他希望把这个问题拖延到国会的下一次会议，届时北卡罗来纳州的代表将会出席。他于是提出一个附加条款，认为在国会根据法律另外提出法案之前，宾夕法尼亚州法律在该州转让出去的这个地区内继续有效。这个附加条款似乎没有经过任何讨论就获得了通过，仅有一个代表认为，他觉得这样做没有任何必要。无论如何，不管这个附加条款是不是麦迪逊先生的动议，它赢得了时间，并迫使该法案退回到参议院。当天是9月28日，第二天国会闭会，休会至次年2月。

在接下来的国会会议上，法案从参议院再次送回到众议院，南卡罗来纳州的一个代表在辩论中说："同一个贵格党州做邻居，这对于南卡罗来纳州不是一件好事。"参议院同样得出这个结论，因为现在法案建议，首都设在费城只能是10年，然后就应该搬到波托马克河岸边。麦迪逊给门罗写信说，(此前)这个法案因一票的优势遭到否决，因为两个南方参议员投票反对它。然而，现在北卡罗来纳州的两位参议员出席，在某种程度上可以获得一票的多数票。

通过拖延赢得了时间，更多的好处也被赢得，现在麦迪逊觉得，众议院通过法案成为可能，"不过也存在着巨大的困难"。他知道如何克服这些困难吗？他补充说："如果波托马克河方案成功，它纯粹是源于有可能再也不会发生的那些有利条件所造成的偶然巧合。"他并没有解释它是什么样的"偶然巧合"；但是，这是一个贴切的华丽措辞，掩盖了在我们时代被称之为"滚木立法"的、直截了当的政治语言。

这个系列传记的读者们已经非常熟知汉密尔顿娴熟的互相投

票的做法,汉密尔顿投票赞同将首都设在波托马克河边上,以交换支持他偿还州债的计划。麦迪逊似乎并不是一直不知道这些交易;对于这些交易,杰斐逊事后急切证明他没有任何干系。麦迪逊自始至终都强烈反对偿还州债的计划;但是,当他看到这个措施在众议院肯定会获得通过时,他给门罗写信说道:"我无法否认,形势急迫,得采取某种程度的和解精神。如果这个措施被通过,我希望它被认为是一种必不可少的恶。"换言之,他希望悄无声息地同意一项他认为对几个州非常不公平的措施,交换的条件就是对他自己的州有利的事。如果说在这件事情上汉密尔顿和杰斐逊是一个恶棍,那么麦迪逊很难说是一个圣人。

第十一章

国家财政——奴隶制

财政部长汉密尔顿给第一届国会的著名报告，提交于1790年1月的第二次会议上。上一次会议快要结束时，收到了一份要求解决公共债务的请愿书，并递交给麦迪逊担任主席的一个委员会。委员会提出报告，支持这个请愿书，因此众议院要求财政部长准备一个"支持公共信用"的计划。

此前，汉密尔顿筹集资金偿还到期外债的计划毫无异议地获得通过。毫无疑问，这里的表面债权人就是实际债权人，应该足额向其还款。（汉密尔顿提出的）报告认为，对于国内债务，这同样是真理。持有政府欠债证明的人，不管他如何获得这些债务证明，也不管他购买时花了多少价钱，都有权按票面价值偿付。但是，问题产生了。这个表面债权人是唯一的债权人吗？由于生活所迫，原始债权人被迫将手中的政府债券以极低的折扣转让出去，因为当时政府没有能力全部偿还，现在政府终于能够全部偿还清楚，他什么都不应该获得吗？让所有的损失由原始债权人承担，而让所有的获益都由最初什么损失都没有而是以极小的代价冒一个有利可图的投机风险的人享有，这公平吗？此外，一个无法否认的指控是，在一部分此类投机行为中，根本就不存在任何风险；当报告的要旨刚刚为人所知晓，一艘接一艘的快帆船被立即从纽约派往南北卡罗来纳州和佐治亚州，去购买那些还不知道它们价值近来猛涨的人们手中的公共债券。到目前为止，它们一直是1美元证券仅值15美分；财政部长的报告一公布，它们立刻涨到1美元证券值50美分；一旦财政部长的建议被采纳，它们将升到1美元证券换100美分；抢在消息到达之前，把经纪人派往各个乡村购买政府证券将会是安全的，这就是现代股票交易俚语里所谓的"利好消息"。一个代表惊呼："看到一个邪恶的行动表现得如此地贪得无厌、道德沦丧，我不禁义愤填膺！"对于这一点，当时没有谁胆敢公开反对他。

　　然而，除了谁是实际的公共债务债权人这个问题，还产生了是否该向所有人全部偿还债务的疑问。每1美元的外债，就是实际上借了1美元。但是，国内债务并不是由大额的货币借款产生的，而是由支付劳役、购买粮食给养和货物产生的，在交换它们时，当事人要求用双倍甚至多倍的政府债券进行支付。如果出于战争的迫切需要，政府被迫许诺以100蒲式耳的价格支付50蒲式耳的小麦，那么现在政府准备兑现其承诺，债权人就不应该要求获得超过购买之时实际仅为50蒲式耳价值的补偿。此外，还有人认为，这样处理债务并不存在不公平，因为战争的进行以及取得的成功结果，一样是出于债权人和其他人的利益。这个观点类似于我们时代某个阶层的政治家所采用的一项措施，他们坚持认为，在过去的美国内战中按照打折"美钞"购买的合众国债券，在战争结束时不应该用金条偿还。

对于所有这些问题的答案显而易见。首先，国家必须公正地向那些能提供证据证明他是债权人的人士偿还它的债务。国家如果这样做，将被认为是宽宏大量；如果这样处置，也许可以补偿那些按照某个折扣失去债券的人士。政府不能不讲信誉，不履行它自己的合同。《宪法》规定："本《宪法》通过之前发生的所有债务和约定，对于本《宪法》之下的合众国，同《邦联法案》之下的合众国一样，都有效。"公共债务是邦联以前欠下的合同债务，联邦政府和单个州一样，没有权力为了自己的利益，"不履行合同的责任"；《宪法》明确禁止这样做。

麦迪逊日复一日安安静静地倾听着关于这个议题漫长而激烈的辩论，随后他提出了一个全新的建议。他赞同一派观点，认为合同不可侵犯。新政府一直同意偿还邦联对自己公民所欠下的债务。但是，他还同意另一派观点，认为这里面存在着债权应该属于谁的问题。那些手持证券的人有权按照票面价值1美元兑换1美元地进行偿还吗？他们付出的代价，大约只是15到50美分换1美元债券。实际情况是，最初的契约是可以交易的，而现在债权人持有着交易证明。但是，交易是否赋予购买者享有全部的价值，而不管他花了多少价钱购买呢？最初持有人提供了足够的等价物换取了债权证明，由于他自己的贫穷被迫转让出去，以及当时政府没有能力履行它的责任，那现在保留一项权利给他，这不公平吗？就过去的独立战争中服役的士兵的境况而言，这个国家的存在有赖于他们的献身和牺牲，这不尤其真实吗？

麦迪逊先生认为，对后两个问题做出肯定性的答复将会展示出这个问题的真正视角，因此他提议，对两种债权人都进行偿还，即偿还那些现在持有欠债证明的人，他们通过购买获得了债权，而不管他们花费了多少价钱；同时偿还另外一些人，他们一直持有证明，但还没有收到政府曾经许诺的支付此前所提供服务的款项。然而，他并不打算所有债务应全部足额付给双方，那超出了政府的能力范围。但是，他认为这将是一个公平的解决方案，即支付当前持有者手中债券曾经达到的最高价格，而把剩余部分补偿给那些最初的债权人。

这个建议在全部49票中只获得了13张赞同票。不过，许多反对它的人也很容易承认，政府现在终于有能力还债了，而过去的债权人却不能被认做是债权人，这对于经历战争的老兵而言生硬冰冷，因为他们的承受如此之多，收获却如此之少。但是，众议院不能陷入情绪性的立法之中。那样的话，将使得联邦之船驶向另一片危险的海域。民众手中持有上千万美元的纸币，按照当时的成交价计算，1美元纸币还不值1美分。如果每一个失去债务凭证的人都要偿还，情况很快就会变成是根本没有谁能被偿还。一定得进行某种限制，那就是对债务凭证进行限制，这个债务是政府和它的债权人之间所订立的合同的证明。它们应该被偿还，偿还给那些合法拥有它们的人。这不仅是公平问题,这个案例中的法律显然也和麦迪逊的观点相左。政府想对最初换取债券和后来失去债券的每一个人都绝对公平,这是不可能的。孤注一掷的做法是,被迫承认它所倾向的债权人,承认那些有地位和法律要求照顾的人士拥有债权,而忽略那些从总体上看债权最没有疑问的人士。遭受损失的主要是参加革命的士兵,收益主要落到了那些足够精明或有条件投机公共基金的人,这是一个可悲的事实;但是在他们中间做一个区分,这并不在政府的权力范围之内。麦迪逊觉得他本来应该作此区分,这主要归结于他的善良愿望,而不是他头脑里的想法。

当然,在所有这些辩论的下面,不仅仅事关债务人与债权人,还存在着其他考虑——道德和法律责任,对士兵的怜悯,以及对合同条文的严格解读。据说,汉密尔顿和他的朋友们非常渴望建立起公共信用,个中原因与其说是他们希望对债权人信守承诺,不如说是他们希望借此强化政府,同时建立起他们自己的政党。他们对于这些指责的回复是,对方借口要考虑承担了独立战争主要重任的士兵和其他人,实际上隐藏着对《宪法》和坚强的联邦政府的敌视。这些考虑并不是辩论中公开说出来的观点,但是它们在辩论中并没有因此而受到半点轻视,反而给辩论带来了辛辣与火药味。毫无疑问,双方都有着合理之处。

尽管这个措施失败了,但是麦迪逊反对偿还各州债务的决心丝毫未减。在这些债务中,一些州分到的债务多于其他州。他抱怨说——这并非没有理由——强迫那些没有得到帮助独自承担了自己债务的州去分摊被其他州所忽略掉的债务，这不公平。然而，他很不幸，他认为弗吉尼亚州比一些东部州尤其是马萨诸塞州享有优势，即补偿争取独立斗争中的服役。这个比较导致要进行官方调查。调查结果表明，战争期间马萨诸塞一个州送上战场的士兵，比南方所有州加起来还要多。有鉴于这个事实，一点也不奇怪，马萨诸塞州的债务应该比弗吉尼亚州的债务多出80万美元。弗吉尼亚和南卡罗来纳债务的差额也是80万美元。这个事实等于是，战争使得马萨诸塞州为了共同的服役，支付了更多的款项给她的士兵；而南卡罗来纳州花费了更多钱财以击退它自己土地上的敌人；弗吉尼亚在这两个方面的花费都比它们少。马萨诸塞州和南卡罗来纳州发现，它们再次站在了一起，原因仅仅是它们都有着400万美元的债务，这比其他任何州都多。所有州的债务总额大约是2100万美元。北卡罗来纳、宾夕法尼亚，或者康涅狄格，再加上马萨诸塞和南卡罗来纳的800万美元的债务，约等于总数的一半或更多。要形成支持偿债的坚强联盟，这并非难事。然而，没有哪个联盟足以坚强到为了采取某种措施，可以牺牲掉自己的利益。尽管如此，联盟的鼓吹者们试图阻止联邦筹集国内债务资金，除非几个州的债务同时得到偿还。

然而，国内债务最终被提出来，并且偿还州债的计划获得通过——该计划一直遭到反对，直到达成一项交易，将联邦政府首都的永久驻地交付给南方州（参见前面章节）。很可能，通过公开它的条款，要挫败这个政治交易并不困难。如果——这似乎很确定——麦迪逊知道这样一个交易是在私底下达成的，为什么麦迪逊没有公开它，个中原因只能猜测。也许他看到，汉密尔顿由于他聪明的运作，得到了朋友的欢呼，遭到了敌人的谴责，然而他只是获得了暂时的胜利；反观杰斐逊——他的辩解是，汉密尔顿利用了他的不知情和天真——假如他的眼光放长远些，根本就不用进行任何辩护。对于全国政府偿还各州债务问题，这只是一个地区负担分配问题；在弗吉尼亚和其他南方州看来，它只是为了永久拥有联邦首都而付出的一个小小代价。

就在这些问题悬而未决之时，另一个问题提交给了众议院——差不多有2个月没有处理这个问题了。关于它的辩论，麦迪逊在他的一封信中说道，里面存在着"难以启齿的卑鄙"，当然他认为把这个议题引入国会非常不明智。纽约州和宾夕法尼亚州的"朋友年度聚会"发出了一个陈情书，抗议继续容忍奴隶贸易。第二天，宾夕法尼亚废除奴隶制促进会又递交了一份请愿书，本杰明·富兰克林作为主席签名，要求采取更加激进的措施。

"他们真诚地恳求，"他们说道，"你严重关切奴隶制这个议题；恳求你乐于赞成让这些不幸的人重新恢复自由，他们独自在这片自由的土地上被降格为永久的奴役状态，他们置身于周围自由人的普遍幸福之中，呻吟于卑躬屈膝的臣服；恳求你找到办法，将这个与美利坚人民的品行相冲突的恶行清除掉；恳求你将仁慈和正义推进到这个不幸的种族身上；此外，恳求你步入赋予在你身上的权力绿地，去劝阻发生在我们这个同胞身上的每一笔交易。"

这些话很可能就是富兰克林本人说的话，没过几周，他就与世长辞了。也许可以将其视为他给同胞留下的临终遗言，这些忠告睿智、慈悲，一如往常。

在这些请愿书提交上来后，随之而来的是一个值得纪念的辩论。尽管流传给我们的报告并不完整，但麦迪逊所说的"难以启齿的卑鄙"是显而易见的。富兰克林年高德劭、品行高尚，为这个国家所做出的贡献几乎超过了当时所有人，却被讥笑为老朽，被指责为漠视《宪法》的责任。但是，赞同奴隶制的极端分子的愤怒被特别地激发起来，他们肆无忌惮地反对公谊会，不受任何礼仪或真相方面考虑的限制。从某种意义上讲，这次辩论是国会在接下来的70年里关于这个议题的每一个争论的先兆。贵格会是那个时代废奴主义者的代表，他们采取的方式是痛苦而愤怒地谴责奴隶们遭受的惩罚，后来承担奴隶事业责任的那些人士同样采取了这种斗争方式，并发扬光大。辩论的方法，对偏见的迎合，对事实和错误结论的无视，对过去历史的误传和对未来的误解，对理性、常识和共同人性的蔑视，然后是费力地、不择手段地进行排列组合为奴隶制进行辩护，这些并没有给现代雄辩家精巧新颖的实践留下任何有价值的遗产。在早期国会和晚期国会之间，辩论风格存在着明显不同；正如25年前所说的"种植园方式"，即现代南方的怀茨、布鲁克斯、巴克斯代尔和皮埃尔们所依赖的那些潜在性的防御和攻击武器，在早期的国会辩论中闻所未闻。

麦迪逊先生和其他一些来自南方、尤其是来自弗吉尼亚州的代表，同他们的大多数同僚唱起了反调，他们不希望这些请愿书被提交给委员会。"南方代表们的真实策略，"麦迪逊给一位朋友写道，"就是让这件事尽可能悄无声息地进行着，同时明确肯定联邦国会的权力，并抓住时机获得《宪法》对施加限制的认可。"这实际上最终得到了实现，但是差不多有2个月的时间过去了。在此期间，部分南方代表更加暴烈，他们有着足够的机会畅所欲言他们脑海中的想法，以及把这个议题弄得精疲力竭。当然，民众对这些问题讨论得越多，这个事情就越糟糕。假如麦迪逊的温和建议当时被接受，假如类似的例子在接下来的60年或70年里继续出现，非常有可能，有色人种至少在一半的州里仍处于奴役之中。但是，从来没有哪个例子比渐进而明确地反对奴隶制的进程更加崇高、更加清楚。因为从来没有一个制度，为它所作的任何辩护都毫无意义，根本无法论证这个制度必须存在。为支持奴隶制而提出来的每一个论点，都是显而易见地荒谬无比，或者说让人类的正常情感感到震惊，以致讨论得越多，它的相反观点就会传播得越广泛、越真切。假如奴隶主们识相，就应该永远不要张开他们的金口去讨论这件事情。但是，就像那些着了魔的人一样，他们从未停止叫嚷："别管我！"他们叫嚷得越厉害，明白叫嚷的声音来自哪里的人就越多。

一方面，麦迪逊先生宣称，公谊会的请愿书值得引起注意。如果美利坚的旗帜被用来保护在其他国家从事奴隶运输的外国人，那么这就是国会应该考虑的合适议题。他说："如果这是实际情况，任何一个讲求人道的人士难道不希望去阻止它吗？"[1]但是他认识到,《宪法》对于将奴隶进口到合众国这个问题存在着局限,此外,《宪法》条文缺乏任何授权,或者说国会缺乏任何意愿去干涉合众国内的奴隶制。对于这些问题,他或许有一个决定性的宣言,没有煽情,只有尽可能少的讨论,并且可能已经终结了这个问题。他显然认为,它只需要北方和南方的每一个人都应该明白,双方相互同意在《宪法》中不去碰触奴隶制,当时双方应忠实地履行这个交易。

只要大多数人完全漠视这个议题,或者认为黑人非常乐意于再做几百年的奴隶是一个完全理智的想法,奴隶制问题就会平安无事。但是还有两个派别需要考虑,对于它们俩麦迪逊先生都没有多少耐心。让奴隶制这个议题无人问津,准确讲这是那些头脑发热的南方议员当时无法做到的——他们在接下来的70年里也被证明无法做到。另一方面,所有请愿者都真切希望,这个问题应该进行深究。在早期的辩论中,走廊里挤满了观众,就像此后多年类似的时刻那样,走廊里继续挤满了观众。一些人逐渐认识到,支持奴隶制的人究竟说了些什么,他们离开时深信,说得越少越好。煽

---

[1] 在19世纪最终禁止非洲奴隶贸易的方式上,最严重的困难是,它的施行不能妨碍美国的底线——不在美利坚的旗帜下进行干预。从1787年到1860年的合众国的执政党,从来不同意他们自己的巡洋舰被用来干涉奴隶贸易;并且愤慨地认为,其他列强的巡洋舰搜查美利坚旗帜下的任何船只,这对美利坚的旗帜是一种侮辱,尽管有可能完全确信,这艘船直接从非洲海岸驶来,她的"甲板之间"挤满了被卖到古巴当做奴隶的黑人。

动性的观点可能会扰乱联邦的和谐——那是麦迪逊的梦魇；它可能会导致某个废奴主义者死亡，就像此后某个时候所发生的那样；但是确定无疑的是，奴隶制最终将会寿终正寝，尽管它的捍卫者们非常短视，可能永远也弄不清楚其中缘由。他们可能从来都不会明白，它最危险的敌人是它自己房舍里的那些不能管住他们自己嘴巴的朋友们；对于他们所处的情形，全部智慧都浓缩在这个粗俗的警句里——"低躺着，待在暗处，悄悄发财"；要毁灭它，就必须揭发奴隶制的真正德行；没有什么比试图捍卫它更能揭露它。正如麦迪逊先生所暗示的，如果它的支持者们仅仅是什么都不做让它无人问津，并且不要求进行其他保护，那么《宪法》之下的奴隶制非常安全。

任何法庭都不缺乏这种鼓吹者，他们认为最有效的辩护方法就是诋毁原告。有人说贵格党人"尽管表面上伪装（清高）"，实际上并不"比其他人有更多的道德或宗教的考虑，也不会有那样多的考虑"。他们既没有参与制定《宪法》，也没有冒牺牲生命和财产的风险为这个国家进行战斗。为什么他们可以"为自己设置这样一个特别的方式，反对奴隶制"？他们难道不知道《圣经》"从《创世纪》到《启示录》"，不仅允许，还称赞奴隶制吗？不知道救世主曾经允许了奴隶制吗？不知道使徒在传播基督教时，从来都没有鼓吹反对它？不知道奴隶制一直是"自从该隐那时起就没有发生新的变化的原则"，一直是一幅并不完全幸福的图景？他们认为，美利坚奴隶的生活状况可以说是最幸福、最舒适的状况之一。然而，他们几乎在同一句话中断言，让奴隶的脑子兴奋起来，并萌生出改变的任何希望,这将导致最灾难性的后果,并且可能是大屠杀。请愿者被要求记住,即使奴隶制"是一个罪恶,这也是一个没有补救措施的罪恶";由于这个原因,北方已经默许了它;"双方达成妥协——我们彼此容忍对方的坏习惯和各自的罪恶,这是出于最好、也是最坏的考虑;北方州接受我们的奴隶,我们接受北方的贵格党人。"没有这样的妥协,很可能根本就没有联邦,现在政府对奴隶制进行任何干涉都将会导致一场内战。这些人正在干预的事情没有一件是他们的分内事,而是在煽动奴隶造反。然而,尽管发生了这一切,南方人做出了巨大的克制,他们"从未要求国会帮助消灭贵格党人"。

这是不可调和的事情。一开始有人给出建议,建议平静地回答这些请愿书,认为这个议题超出了国会的职权,不过现在他们受到诱导,要求给予更热烈的回复。尽管他们可能默许奴隶制,但他们无法耐心倾听对贵格党人进行的诋毁,不可能将奴隶制当做共和政府之下的一种明智、仁慈和始终如一的社会条件,硬塞进他们的喉咙当成自己的观点。麦迪逊一开始非常焦急,希望什么都不说都不做,担心会激起不安,同时他也承认所有公民都可以正当地呼吁国会,废除他们感到不满的法案;然而麦迪逊最后也受到感动,说公谊会的请愿书"值得考虑"。他同时也承认,根据《宪法》条文奴隶贸易不能被禁止 20 年;"然而",他宣称,"(国会)可以通过各种各样的方式支持废奴运动,以及制定相关法律,规范将(奴隶)引入西部领地所形成的新州之中。"

格里仍然是更加强调联邦拥有干涉的权力。他大胆指出,继续实行非洲奴隶贸易犯下了"明目张胆的残忍行为";尽管没有人认为它违反了《宪法》,但是"我们有权规范这种贸易,这就像我们拥有其他任何权力那样清楚无误;它并不像某些人在探讨这个议题时所展示的相反立场那样。"他并没有就此打住。他告诉奴隶主们,他们所有奴隶的价值用现金计算,大约只值1000万美元;此外,国会有权建议"购买全部奴隶,他们在西部土地上的资源或许能为他们提供实现的手段"。南方代表也许会对格里的建议感到目瞪口呆,不过他立马补充说道:"他并不打算建议采取这种措施;他只是列举出这些特殊事例,证明国会当然有权干预这个事务"。非常有可能,如果他以他出了名的热情和决心推动这个措施,至少会得到大量的支持;他作为最初的《西北条例》的作者,赢得了让杰斐逊非常羡慕的坚忍不拔的名声。因此,如果格里认真、热情地推动这个政策,即利用西部领地的销售收益来赔偿奴隶主解放他们的奴隶的损失,这将会给他留下一个更加芬芳的名声,而不是只把他同驻法大使,以及马萨诸塞州的"格里曼德勒"州长联系在一起。然而,这个争论最终归于沉寂,没有产生任何结果,转了一圈又回到了没开始辩论之前的地方;此外,支持请愿书报告的票数变得更少,而如果没有这个讨论,赞成票可能更多一点。

然而没过两年,德拉华州的华纳·米夫林——公谊会的一个杰出成员,如果不是第一个,那也是兄弟会中最早的一批解放他自己奴隶的人士——呼吁国会采取某种措施,实现普遍的解放。这份请愿书刊登在杂志上;但是第二天,北卡罗来纳州的代表斯蒂尔先生说,"在纽约通过了关于这个议题的法案之后,他希望众议院不再听到类似的声音";他提议,请愿书退回给米夫林,并从杂志上删掉。费舍尔·埃姆斯以一种道歉的口吻解释道,他是在米夫林先生的请求下提出了这个请愿书,因为德拉华州的代表缺席,同时也因为他相信请愿书正确,当然"他认为,请愿书提出干预这个议题完全不明智"。众议院同意请愿书应该被退回,斯蒂尔随即撤销了要求将请愿书从杂志上撤下的动议。

在接下来的 18 个月之后的国会上,众议院提出了奴隶贸易的议题,显然这是它自己提出的建议,接着一项法令获得通过,禁止从合众国港口用外国船只运输奴隶贸易。这个问题就像死亡一样无法改变,当时关于它的分歧,准确而言,就是接下来的一个世纪里永远无法将其解决的那些最终讨论。一部分人如果胆敢讨论奴隶贸易问题,将被送入地狱;而另外一部分人,则是更加深入地讨论着所有这一切,并在行动上走到《宪法》的每一个边缘进行深入探讨,因为他们没有受到禁止不能说,也不能做。勇气并不是麦迪逊引人注目的个性,但是在反对奴隶制时他所显示出的勇气,其他任何时候都无法比拟。

第一届国会的第 3 次会议在纽约休会,移师费城,并于 1790 年 12 月举行会议,麦迪逊领导他的政党反对汉密尔顿的提议——建立全国银行。与国内债务调整问题一样,他和他的政党再次遭到了失败。他比较了各种银行的优势和劣势,很可能他并没有让他自己满意,当然也没有让另一方满意,他认为辩论的重点是反对它们的用途。不管怎样,他退回到《宪法》,以此作为他最强有力的抵抗据点。他认为,合并银行并不属于授予国会的权力。联邦党人开始将他视为反对党领袖,做好了迎接挑战的充分准备。费舍尔·埃姆斯起身回答说:"对于银行的作用,不存在任何疑问。"如果解决这个问题牵涉《宪法》——不管他的意思是否如此,这就是从麦迪逊有关这个问题的论点中得出的结论——那么他自己就提到了《宪法》的问题。如果银行合并被《宪法》禁止,那么这个事情就到此结束。如果不被禁止,国会就可以行使没有明确授予它的权力;此外,通过银行,联邦政府不得不做的某些事能做得最好,那么建立这样一个机构不仅正确,而且明智。这就是联邦党人辩论的主旨,对此,麦迪逊和他的朋友们根本没法进行有效反驳。法案最终以39票对20票获得通过。

但是,它仍然得经过内阁的严峻考验。总统并不倾向于他自己的判断——要么是这一个,要么是另外一个观点是正确的。因此,他要求财政部长汉密尔顿、国务卿杰斐逊以及司法部长伦道夫,书面提交他们自己的看法。这个要求同样送给麦迪逊,很可能这是因为华盛顿高度认可麦迪逊在《宪法》方面的能力与见识,而不是因为他在这次争论中扮演的突出角色。汉密尔顿赞同这个法案的观点,这被视为是对其他三个绅士论述的回复,并被总统接受为最终结论。

第十二章

联邦党和共和党

麦迪逊曾经是一个联邦党人,直到他不幸地、不知不觉地走到了它的反面。也许他的转变,部分是由于私人朋友,尤其是杰斐逊的影响;部分是由于地缘因素,即"与州共进退"信条的影响。当这个信条保持在合理的限制范围内时,它是一种无害的爱国主义;然而当它不受限制时,在我们这种复合政府里则是危险的。如果他出生在一个自由州,似乎很可能他永远都不会成为总统;但非常有可能,他在合众国的历史地位将会更高。他成为政党领袖之前的那段岁月,在他的整个生命长河中更加光辉灿烂。他作为一位政治家之后的生涯,在一位成功政客阴影的笼罩之下,逐渐暗淡下去。

在第一届国会3次会议的讨论过程中,联邦党和共和党(或民主党)之间的分野显露无遗。联邦党人显然成功地把13个分离的州,紧紧地联结成一个强大的国家,或者说一个在将来的某个时刻必定会强大的国家。它不再是 13 个独立部分的松散组合，而是实际上围绕着一个中央权威旋转，但有一个离心运动，可能随时会让各个部分飞向太空，或者在各种切线运动的碰撞中把它们毁灭掉。然而，那些反对联邦党的人士根本不担心离心倾向；因为他们觉得，真正的危险在于向心力太大，环绕的行星可能会陷入中央的太阳里去，完全消失。然而，即使这里不存在飞向太空的危险，也不存在陷入太阳的危险，他们也并不信任这种政治天文学。他们不愿意漂浮在一个固定的轨道上，服从于一个他们自身之外的超级法则。

不管接下来的年份发生了什么，无需怀疑当时这两个党派的真诚。然而，现在也无需怀疑哪一个政党更加睿智。在 18 世纪结束之前，政府的管理已被从创建联邦的人士手中强行夺走；在超过 15 年的时间里，政府的控制处在联邦党的名义之下，但这种局面已经消失。认为联邦党人之所以遭到反对，仅仅是由于他们掌握着政权，这并不公平。但是非常正确的是，联邦党人的原则和政策超越了它们的政党组织，存活了下来；他们不仅存活下来，而且就曾经服务于这个国家的反对党而言，它能否上台在于它什么时候吸收了联邦党人的措施。正由于遵守了联邦主义的早期原则，共和党在 1860—1865 年的战争中得到了捍卫，并生存下来；正由于拥有奴隶的寡头政治集团执行了民主党州权派的那些原则，使得那场战争不可避免。

1792 年春，汉密尔顿在著名的致卡林顿的信中说，在过去的国会里，根据麦迪逊的所作所为他完全相信，麦迪逊"与杰斐逊先生互相合作，是一个强烈敌视我和我的政府部门的政治派别的领袖，根据我的判断，他受到了危险观点的驱使，这些观点威胁着善良政府的原则，让这个国家的联合、安宁和幸福处于危险之中"。一开始他倾向于相信，由于他"此前对麦迪逊先生品格的公平、正直所留下的印象"，在这种敌意之中并不存在任何私人和派别的因素。但是他很快改变了看法。在第一届国会举行会议之前，他们之间一直配合得天衣无缝。汉密尔顿接受了他在内阁中的席位，他说："我满怀信心，因为我们怀有相同的想法，出于个人的良好愿望我们可以通力合作，我深信在我的政府部门的日常事务中，会得到麦迪逊先生的鼎力支持。"然而，他发现麦迪逊无论在面上还是在私底下，都是他的死对头，反对他向国会提出的各种重要措施，如解决国内债务、偿还州债以及建立国家银行，这时候他被迫在公共利益的动机之外，寻找其他反对动机。他宣称："我们俩一直观点一致，共同求索，使我不能（将他现在的所作所为）仅仅理解为单纯的政见不同。我无法说服自己相信，麦迪逊先生和我以前在不同方面上有着如此多的共同见解，现在我们对于适于贯彻它们的措施，看法却变得如此不同。"

从这封信中提炼出来的形象是，杰斐逊和麦迪逊几乎被描画得一样黑，如果说有什么区别的话，那就是杰斐逊的颜色更重。汉密尔顿似乎认为，如果说杰斐逊更有恶意，麦迪逊则更加狡猾。汉密尔顿被指责为试图采取一个不光彩的花招，以便更好地利用财政部长的权力，同时滥用华盛顿对他的信任。第二届国会开幕时，总统在给国会做国情咨文报告前，先将咨文递交给麦迪逊，汉密尔顿宣称麦迪逊调换了一段文章的先后顺序,并增加了几个字。经过这样的改变,总统似乎在无意之间赞同了杰斐逊的建议——为硬币建立类似于重量的计量单位。这一直是财政部长所不同意的,他认为应该仍然把美元作为货币单位。这个声明建立在汉密尔顿自己的判断之上;由于他已经记不清楚让他自己抱怨并促成总统改变了观点的那些原话;由于这个看法有赖于总统最初的解读可能会赞同汉密尔顿,因此现在判断麦迪逊对于他动机不纯的指责是否真的无辜,已经无法做出结论。然而非常明显,汉密尔顿对麦迪逊的行为感到气愤而失望,他抓住每一个事件来佐证他的说法,"我曾经为麦迪逊先生真诚、朴实和公正的品格感到高兴,我承认这种判断已经让位于一个明确的观点——那是一种尤其虚伪和复杂的性格。"为了佐证他的观点,同时也是作为证据证明麦迪逊对他政治上和个人上的敌视是多么地充满仇恨,他在同一封信中提到了麦迪逊与福瑞诺及其主编的《全国公报》的关系。"作为杰斐逊的助手,"他写道,"麦迪逊先生创建了这份报纸,我认为它的后果应由麦迪逊先生来承担。"

这里无需详细重复福瑞诺的故事,它已经在这一系列传记的另一卷里详细讲述过了。然而,如果说对于这件事还有什么要补充的,那就是公正地讲,杰斐逊可能得对这个事件负责,而麦迪逊承担的责任可能同样不会少。有人提出指控,认为麦迪逊动机邪恶,他想方设法为福瑞诺在国务院获得一个职位,帮助他创建一份报纸,对于这个指控,麦迪逊在给埃蒙德·伦道夫的一封信中,坦率地说出了相关的事实。他什么也没有否认,只是愤慨地反驳关于他的指控——他帮助创建这份刊物,是因为它有可能会"削弱《宪法》";或者是,他在国务院和这份报纸之间有着千丝万缕的关系。他认为,福瑞诺是他大学朋友,是一个值得尊敬的人,他乐意于为他提供帮助。帮助一个有能力的人获得政府部门的某个翻译职位,而那个职位的年薪只有区区250美元,这没有任何不妥;也没有充足的理由怀疑,为什么这个员工在闲暇时不可以找其他工作。

如果麦迪逊先生说完这些话之后就此打住,对他的批评很可能会销声匿迹。但是他补充说,他给他的朋友提出建议,除了帮助他创建一份报纸之外,还有其他动机,这时候按照现在的说法就是,"他把他自己给卖了"。即使是在这种事情还比较罕见的早期天真岁月里,也会有人感觉到,这位编辑每天提供的面包,不管是蛋糕还是干面包片,都来自于办公室或其他权力机构里的人士的赠予;这位编辑之所以这样烤制,也许还进行了精加工,表明他只是按照某个价钱被人收买的奴仆。麦迪逊说帮助一位他所敬重的、需要帮助的人士,是他的"首要和主要的动机"。但是他补充说:"它随之而来的后果,我也乐意于看到,希望它是一份自由的报纸……是一副解药,可以化解流传着的赞同君主制和贵族制的教条和布道;希望它成为公共信息供应不充分的那些地区中,提供公共信息的便捷工具。当然这也是一个实际情况。"这除了承认对于杰斐逊和他的根本意图的指控,还能是什么呢?或许他虔诚地希望,这份报纸对于君主制和贵族制的有害信条是一副解药,当然实际情况却是,任何这类毒药的存在,仅仅只是政党倾轧的腐殖土中培养出来的、在他的脑海里找到了寄身之所的蛆虫之一。希望一份好报纸在最需要的地方出版发行，这不能不说是一种让人钦佩的公共精神。坚持向一位一直不如他自己幸运的朋友伸出援助之手，这对他来说不能不说是一件让人称道的事情。但实际情况是，帮助他的朋友在政府部门里获得职位，他的部分动机在于拥有公共职位将有助于这个人建立起某个政党组织。严格来讲，这就是指责的关键所在，对此他似乎一直没有理解清楚——由于他的建议，公共恩惠被用来谋求进一步的党派利益。

福瑞诺曾打算在新泽西州的某个地方开办一家报纸。不管这份报纸为了实现它众所周知的目的是否曾建议在费城创办效果可能会更好，并且在国务院中拥有职位对它将是一个帮助；不管怎样，最后的结果是，开办报纸的地点发生了变更，他被授予公职。在他获得任命的5天之后，报纸的第一期面世，正如它早为人知的本来面目一样，它是杰斐逊及其朋友的真诚捍卫者，是汉密尔顿及其政党的可怕反对者。合乎逻辑的结论是，这个人由于某种目的被安排到这个位置，正在费尽心思利用赋予他的这个职位的机会，去满足他所感激的那些人的种种愿望。麦迪逊和杰斐逊都异常激动和气愤，否认和这家报纸的编辑行为有任何联系。毫无疑问，他们说的是实话。他们不得不在某个地方划清了界线，他们已经在某个地方画好了一条非常明确的、漂亮的界线。非常明显，福瑞诺非常清楚他要做什么，别人期望他做什么，他的强势朋友们也非常清楚他明白这一点。他们可以从他身上感觉到一种最为深藏不露的自信，他就像是一位未受抑制和不能抑制的民主主义者，或许还是一位通过不断提起自己未来支持之政党的困境与希望、让他的感激之情永远保持鲜活的人士。很清楚，这里不需要一个董事会来监督《全国公报》的编辑，否认存在任何形式的这类董事会，这也是非常安全的说法。尽管如此，事实仍然摆在那里——这位编辑获得该职位得到了杰斐逊先生的帮助。

麦迪逊和福瑞诺的关系导致了公众的指责，在他听到这个指责的3个月前，他显示出对"公报"兴趣盎然，这与他随后发表声明、否认和公报的经营管理毫无关系难以前后吻合。麦迪逊在给杰斐逊的一封信中，提到了由规范邮政法律所产生的报纸邮费问题，担心它将遭到抱怨，引起订阅者减少。他建议发出通知，告知报纸"将不放进邮件里，而是像之前那样投递"，这意味着它们很可能将根据国会议员免费寄送的权利进行投递，或利用其他任何机会进行投递。他补充说："您愿意向福瑞诺暗示这一点吗？他这个季度的订阅者似乎非常满意，他们可以按时、安全地获得报纸，对报纸本身也非常认可。"这类似于对婴儿进行悉心照料，而国务院一直为这个婴儿提供着如此舒适的摇篮。

我们时代的政治诡辩家也许会奇怪，与福瑞诺事件有关的事情有那么重要吗？我们被告知，"牵涉其中的都是那个时代的巨人"；但是我们可能同样得记住，在"政治实践"的现代科学看来，他们就像是婴儿和乳兽一样幼稚。麦迪逊充分利用了他几乎仅次于杰斐逊本人的作为反对派领袖的职位。对于汉密尔顿，对于所有联邦党人，他的形象比杰斐逊跌落得更厉害，更不受他们尊重。他的形象之所以跌落得更厉害，原因在于他从更高的位置上跌落。没有谁比他更加热切地一直渴望着要建立一个坚强的政府。没有谁比他显示出更多的活力,催生了一次制定《联邦宪法》框架的会议。当制宪工作大功告成,没有谁——甚至包括汉密尔顿本人——比他更有热情,努力说服他的同胞相信国家的拯救取决于联邦,如果不批准《宪法》,联邦将毫无希望。当他逐渐与一直把他视为其中一员的某个政治派别分道扬镳渐行渐远时,他们的失望和震惊同样巨大。他们不能理解,他怎么能在一个合法的《宪法》政府里——他们相信它是合法的——发现那么多的反对声音;为创建这个《宪法》,他花费了如此巨大的精力,它的有益后果他也预见到,并预先说了出来。或者,如果他们真的理解了他,合理的推断就是,他已经把他的信念和原则扔向了风中,抛弃了他的老朋友,投向了新的阵营,其动机是为了实现个人的野心。当然,这也许并不完全公正。非常可能的是,他并没有故意放弃他的原则,他是被自己给说服,他还像以前对待《宪法》一样真诚。尽管如此,非常确切的是,现在和他一起行动的人,就是当初未能阻止批准《宪法》的那些人;现在攻击他的人,就是当初主张严格解读《宪法》,以挫败《宪法》规划的那些意图的狂热鼓吹者。[1]

很自然,他的动机令人怀疑,他的一举一动都被密切关注着。

---

[1] "(在辩论中)我敬畏《宪法》",费舍尔·埃姆斯说,"我乐意于承认,经常求助于它,把它当做标准程序,对它怀有受人尊敬的忠诚。迄今为止,它是达成可以接受的意见的源泉。但是,我觉得存在着非常不同的种种情绪,因为我发现,几乎每天对于鸡毛蒜皮事情的讨论,都求助于它。当通过牵强附会、稀奇古怪的解释,《宪法》被当成诡辩的工具,我非常担心它在我们的脑海里失去某种确定的东西,失去更多的尊严。"

大家都知道杰斐逊对他影响非常大，此外，杰斐逊并没有参与擘画《宪法》，并且一直怀疑《宪法》是否明智，虽然最终表示赞同，但保留了很多疑问。弗吉尼亚和所有南方州一样，反联邦党逐渐发展壮大。麦迪逊的绝大部分贴心私人朋友都是该党成员，杰斐逊也是如此。如果他和他们选择的道路通向了相反的方向，他因而脱身出来追求自己的方向，那么他在公职生涯中将有什么样的机会？这些考虑对他的影响究竟有多大，这无法回答；也许他自己都不能回答。也许它们甚至都不被考虑过，仅仅只是无意识的影响，如果他认识到它们可能就是动机，他会把它们抛到身后。然而，对于其他人来说——不管是否公正——他们有充足的理由来解释他的心路历程，而这种解释一旦接受，将不再寻求其他解释。福瑞诺被授予公职是出于麦迪逊的请求，随后出现一个激进的党派组织，它由杰斐逊先生部门里的这个职员担任主编，这足以在联邦党人中激起强烈抗议。麦迪逊解释说，他在这件事情中扮演的戏份并不多，当这种说辞传播开来，并没有增加他胸怀坦荡、政治公正的名声。也许一开始，他似乎就不够坦荡，从而遭到了老朋友们的厌恶。如果他公开宣称投奔了敌人，而不是假装在《宪法》中找到了足够的理由来反对他们提出的措施，他们可能更容易原谅他。他们有时候觉得，用这些《宪法》上的考虑作为其他动机的托词太过牵强，更值得嘲笑而不是讨论。

他所说所做的一切都被怀疑的眼光注视着。在第一届和第二届国会之间的休会期，他和杰斐逊进行了一次旅行，穿过一部分东部州，就像他们所说的，是为了放松和寻找乐趣。但这在联邦党人看起来却像一次战略行动。他俩在纽约同利文斯顿和伯尔进行了会面，这在汉密尔顿接到的小报告里，就像是"一次热情的求偶"。他们访问了奥尔巴尼，据说"名义上是一次植物学远足"，但实际上拜会了克林顿。植物学自然让人联想到农业，随着他们新英格兰旅程的继续，他们被指责为一边旅行一边"种下稗子"。假如麦迪逊在回程之中从纽约写给他父亲的信件当时为人知晓，他的背叛行为将被视为虚伪，情况更加严重。他写道："我最近和杰斐逊先生进行的旅行，它的大体情况我已经告诉了我的弟弟，这是一次非常令人愉快的旅程，带我们穿过了有趣的乡村，对我俩都是全新的。"如果这次旅行真是一次政治搜寻之旅的话，那么这个评价非常冷静。

尽管有一段时间，麦迪逊先生可能一直是这种政治仇恨的特殊目标，但是把这个目标限制在他身上毫无根据。杰斐逊在激怒对手方面才华横溢，没有谁能长时间地把他从这个国家最遭人嫉恨的角色中分离开来。有人提出一个稀奇古怪的议题——对这个问题第一届和第二届国会都讨论过——一旦总统和副总统都去世职位出现空缺，谁将是总统的继承人。一个法案从参议院送交到众议院，建议一旦发生这种情况，参议院的临时主席——参议院没有临时主席时，由众议院议长代替——继承这个空缺的职位。众议院退回了这个法案，并附上一条修正案，代之以一旦出现这种权力真空，由国务卿继承总统职位，而不是由国会两院领袖继承。麦迪逊非常热心于这个修正案，但是参议院予以否定，众议院最终同意了最初的法案，也就是今天的法案。在辩论过程中有人认为，根据概率原则，发生死亡事件总统职位转让给第三人的概率，大约每840年才有可能发生一次。建议在这种假想的、不太可能发生的事件中，任命国务卿作为继承总统的合适人选，这个修正案遭到了拒绝，对此共和党人表示愤慨，认为这是对杰斐逊先生进行直接非议。联邦党人并没有表示否认。非常明显，他们抓住这个机会进行了无情的冷嘲热讽，宣称尽管杰斐逊可以结结实实地等上840年，但是没有他们的同意，他也当不上总统。这是一次长距离的射击，但是很可能没有哪一次比这一次射击得更准。

如果说在这之前还存在一丝希望，那么麦迪逊在第二届国会的所作所为表明，他对于要向哪个党派投下他的影响力不再留下任何疑问。他反对建立银行，他觉得这可以从纽约认购书的启动得到佐证。对他而言，获得股票所有权的渴望并不是公共信心的证据，因此也不是支持这种制度的论据；相反，"（它）只是大量公共掠夺的疯狂蔓延"。他只看到，"股票交易淹没了其他所有议题。咖啡馆充斥着赌徒们无休止的嗡嗡声。"他说："这同样清楚表明，公共债务在这个国家占有多大的比重；是哪些人握有它们；合众国的人民被哪些人统治着。"也许，这是他反对汉密尔顿的财政政策的缘由之一。它的直接好处是为了某个阶层，该阶层的资金与政府的稳定最为利益攸关。这个阶层主要集中在北方各州，那里的资本就是金钱，它总是在寻找着安全而利润丰厚的投资。在南方，资本则是奴隶和土地，它们不能轻易改变。如果国家银行和债券持有人这两个计划得到实施——他担心它们极有可能如此，正如他相信联邦党人预定它们应该如此——它们将对政府施加控制性的影响力,非常明显这些影响力"由那些统治着合众国人民的人士"所施加。它将会是北方,而不是南方;麦迪逊是联邦主义者,但他首先是弗吉尼亚人。

也许正是受到这种考虑的影响,所以当他提议偿还国内债务时,认为应该区分债券的最初持有人,以及通过购买获得的持有人。在这种情况下,公共债权人将会更加广泛地分布在这个国家的不同地区和不同阶层。不管怎样,这种想法似乎并不是一时心血来潮,因为他看到报道说,银行股票被热切地追逐着,他指责这是股票投机和赌博,并且愤怒地认为,他在这些人身上看到了这个国家——尤其是他自己同胞——的未来统治者。毫无疑问,这里存在着大量的投机行为。正如在所有的类似情形下,有少数几个人发了财,而更多的人则是一开始有很多钱没有股票,接着有很多股票没钱,最后是股票和钱财两空。但是,麦迪逊先生的愤怒被慷慨地浪费掉了,他的担心也并没有多少根据。如果汉密尔顿在服务自己国家之外还有其他想法,那么不管他曾经的愿望或计划是什么,结果却是无论股票经纪人、国有银行,还是债券持有者,都没有对政府进行掠夺。北方的金钱权力,被用来修建起城市和船只、工厂和集镇,它的手伸向了浩渺的湖泊,伸向广阔的大草原,增加着它的领地,拓展了它的文明,为它们将来的回报提供着劳动力和工业。与此相反,南方将自己投身于政治事务之中,通过比以前纯粹的金钱关系更加强大的关系联结在一起,迅速实现了对政府的控制,并保有它和利用它为自己的利益服务,而对北方的利益或权利置若罔闻,这几乎长达四分之三世纪之久。麦迪逊根本没有预想到，这个国家的未来历史会发生这样的事，事实上，当时其他任何人都预想不到这一点。他可能曾真诚地相信，大量公共债务的持有者们和一个巨大的国有银行的所有者们，通过公共债务和国有银行可能会使这个国家的财政事务被牢牢控制住，他们的目的是控制政府。如果所有这一切都是真实的，那么共和国的制度就面临着正在迫近的危险。因此，汉密尔顿指责他反复无常。这并不一定是个罪过，或许这甚至是一个优点，麦迪逊应该为此而受到褒奖，为他有勇气宣称改变自己的观点，前提是他看到汉密尔顿的原则在实际实施过程中存在诸多危险，而这些危险对他来说，用抽象的理论进行观察并未发生。但是联邦党人相信，麦迪逊受到了个人动机的摆布，牺牲了他最有利于这个国家的信条，目的是为了确保他自己在他预判将会胜利的一方获得一个位置。非常有可能的是，他在第二届国会期间向汉密尔顿展示了更多的所谓的敌意，原因在于某种程度上，他认识到联邦党人对他是什么感觉。不管怎样，他似乎受到了某种事情的鼓励，不仅仅是众所周知的重新改换门庭之后所激发的热情。这种热情如果不总是显示在辩论中，那就是隐藏在他的信件里。来自于财政部长的任何事情，或者支持财政部长措施的任何事情，确定无疑都会遭到他的反对。当然，他并不总是站在错误的一方，有时候他非常正确。众议院的联邦党人这一方，存在着非常明显的顺从财政部长的倾向，这在某种程度上激起了一些人的反对，他们并不认可联邦党人关于财政部长有着超强能力的评价。这里存在着某种不满，比如当有人提议国会应该向财政部长提交关于遭遇圣克莱尔灾难性失败之后，在西部进行印第安人战争的方式和手段；以及几天之后，有人建议应该要求他就减少公共债务的计划做一个报告。以麦迪逊为首的一些议员认为，他们能充分行使他们的政府分支机构的所属职责，根本不需要政府部门领袖来指手画脚——在他们中间的一部分人看来，该政府部门仅仅是国会的官方隶属机构。基于同样的理由，他们拒绝立刻做出决定，允许财政部长出现在众议院的会议大厅，解释某个拟议中的措施。汉密尔顿在给卡林顿的信中写道，他"公开宣称"，"决心把麦迪逊作为一个政敌来对待"。他很可能注意到，麦迪逊应该听到这件事，因为他不是一个毫无根据就会做出威胁的男人。汉密尔顿有时候态度傲慢，举止专横，时刻准备着进行决斗，尽管他非常喜欢安静，却不会轻易放过一个敌人。这些都不是易于协调的、有可能会用来调和政治斗争氛围的品格，也许这种脾气甚至会激怒像麦迪逊这样脾气温和、近乎羞怯的人，激怒到异乎寻常的激烈程度。

当然，所有这一切都与某个问题无关，即党是否正确，对于这个党麦迪逊先生给出了他的忠诚。在这一点上，这里也许存在着真诚的观点分歧。它同样与某个问题无关，即一个人是否能诚恳地改变政治立场，尽管这个怀疑总是伴随着他，说他从一方叛逃到了另一方，而无论在哪一方都没有任何原则或措施的改变。非常有可能，他也许是受到了最真诚信条的指引；如果他遵循它们，为了新朋友而抛弃了老朋友，或者满足于为了原则不讲朋友交情，那么这就是政治家或政客所能给出的证明其道德勇气的最有力证据，这种勇气应该为他赢得所有人更多的尊重。但是，是否这种尊重一定不能给予麦迪逊先生,因为他受到了其他卑劣动机的指引,这存在疑问。无论他离开的政党,还是他加入的政党,都一直不存在政治原则的改变;但是,这两个党派都在竭尽全力修正它们的旧有原则,以适应改变了的新联邦之下的环境。这个改变完整地发生在麦迪逊先生身上。对他而言,过去一直是白的现在变成了黑的;过去一直是黑色的东西如今却变成了飞扬的白雪。为什么是这样?是他开始认识到这些年来他一直处于错误之中了吗?或者是他开始明白,不是他过去错了,而是他过去把一条笔直而狭窄的小道,误认为是一条通向他所追求的目标的康庄大道?这些都是不容易回答的问题。他一直杰出地服务于自己的国家;没有谁能怀疑他是出于私利而不是出于崇高的目标。但是,对于任何一位像他那样改变立场的公众人物来说,这个问题将会一直是——是什么促使他这样做?对麦迪逊来说,这并不是询问是否遗漏了他的政治生涯转折点上的光彩;也不是考虑是否在他性格的某个方面留下了未被注意到的关键光芒。如果说"获得整个世界"一直是需要做出的最为明智、最好的事情,那么为了他自己的命运,他所做出的决断是有见识的。他获得了他的世界,在他的那代人中他聪明而正直,理由是他获得了绝大多数的选票。那个决定是否(在今天)仍然得到认可,这并不好说;然而非常有可能,这得到了认可;因为公众对人物的评价,常常是对某些事做出判断之后,会丝毫不变地保留很长时间,而这些事带给他们的名声是完全相反的。但是从长远来看,历史评价的尺度是公平的。关于麦迪逊性格的裁决通常伴随着遗憾的建议,怜悯于陪审团不愿意进行责备。对于他在制宪会议及后来会议的成果提交给人民批准时所作的伟大贡献，那份钦佩一直被保留着；对于他官方的信誉，以及他在他的所有私人关系中保持的高度荣誉感，除了党派责任可能曾经给它蒙上过阴影之外，那份赞赏一直停留在那里，没有一丝乌云；他杰出的才干，则从未受到过质疑。一个人有着这些被人认可的品质，在 25 年的时间里基本上占据着高级公职，一定需要得到民众的高度认可，尤其是在一个崭新国家里，那里和其他任何地方一样，名誉都来之不易。尽管如此，没有偏见的历史学家——他们有胆量相信，承认一个土生土长的弗吉尼亚人是不完美的是很自然的事——他们会宣称麦迪逊先生既不缺乏力量和勇气抵制那些对他的影响，也不缺乏政治人物的雄心，这份雄心足够强大，能克服任何原则方面的顾虑，尽管那些原则有可能会挡在他前进的道途上。

第十三章

法兰西政治

　　如果说需要什么证据证明麦迪逊如何完全地投向了敌营，那么他自己给出了这个证据。1793年春第二届国会第二次会议结束没过4天，他对财政部长发动了让人难忘的攻击。他希望通过这个行动，打倒汉密尔顿，使他名声扫地，迫使总统觉得他应该把汉密尔顿赶出内阁。当为了实现这个目标的种种举措开始实施，一位议员说道，温和、正派和公正的每一项原则都遭到了践踏；"他从未在国会中看见过更加丑陋的行为"；麦迪逊或许应该一直担任议员直到今天，观点不变，他留下来的目的就是为了在我们这个时代，驱逐约翰·昆西·亚当斯和约书亚·R.吉丁斯。

　　在过去的一年中，汉密尔顿用各种各样的笔名在报纸上回击反对他的人。但是，他的战斗是躲在面纱而不是面罩的背后进行的；因为每个人都知道这些强力打击来自于谁，都知道他攻击的是右边和左边。杰斐逊总是夸下海口，说他从来不会屈从于报纸上的争执；但是非常清楚，他本人并不卷入这种尤为让人不舒服的战争模式之中，因为他乐意于采取更加安全的代理人战争的手法。汉密尔顿对于谁是他的真正对手从未有过一丝怀疑，他瞄准好自己的出拳，越过那些无关紧要的对手们的头顶，直捣巢穴。这些攻击给他内阁中的同事造成了严重的伤痕。在当时的其他文章中，有一篇尽管不是报纸的公开文章，却是写给总统的官方信件，在信中汉密尔顿为他的原则和措施进行了辩护。1792年早些时候，华盛顿总统渴望摆脱公务生活的烦恼，期望在宁静中安享晚年，他向麦迪逊和他的两个部长杰斐逊和汉密尔顿征询意见，询问他退出第二次选举是否合适。他很快改变了主意，也许很大程度上是因为，他发现他的朋友们的建议是如此明显地意见相左；同样，他也受到了建议本身的影响。他反对在他的部长之间存在着公开的争吵，认为这是公众的不幸，如果他不能调解他们，那就努力平息它。联邦党人是专制主义分子，杰斐逊和麦迪逊从未停止过这种攻击，华盛顿知道这不是事实，无需汉密尔顿、亚当斯以及联邦党其他领导人发表强烈、愤怒的声明——当时他们注意到有一个指控，他们觉得这个指控如此荒谬，很难相信有人会真诚地提出它。但是，尽管华盛顿知道那个地方并不存在真正的危险，他却不可能看不到，只要他继续担任最高行政长官，人们对他的尊敬和爱戴就能构成团结的纽带。也许他觉得，如果他解甲归田，在当时将不会有其他共同的纽带，足够强大到可以将联邦维系在一起，而对于联邦的解休，北方和南方都平静地有时候甚至是自鸣得意地看待它。此外，当党派热情达到炽热程度,解体甚至成为一件期盼之事。无论怎样,总统同意采纳他所咨询的谋士们的建议;但是,在征询建议的过程中,他无意中加剧了他们之间的争吵,这让他非常不舒服。

杰斐逊在这次辩论中,通过谈话和书信积极影响华盛顿的决定,同时处理着公共事务的不愉快状况。他自己想退隐蒙蒂塞洛,不卷入这场政治风暴,不过他认为华盛顿的职责是继续留在舵主的位置,并睁开一只眼睛注视迎面吹来的狂风。他说,种种事务导致的不愉快状况全部源自财政部长所追求的目标,这是国会根据财政部长的政策实施的公共债务、国有银行、货物税、货币流通以及其他重要措施有关法案的自然结果。这个政策的目标是否就是要摧毁联邦,推翻共和国,然后在它的废墟上建立君主专制。不管怎样,以上就是这些恶意措施一定会产生的必然结果。对于这个问题,杰斐逊是如此固执而强烈地推出这种观点,以致华盛顿要么是有感于它的认真严肃,要么是出于好奇,想知道如何才能最好地回答这些疑问,于是把它们送给汉密尔顿,同时还有其他人送来的内容相似的异议,要求给予回复。书信都是匿名的,但这并不等于汉密尔顿猜不出对他政府部门事务的非难来自何方。汉密尔顿在回复中说道:"我并没有保持足够的坚忍,能够总是冷静地倾听各种诽谤和谎言,这些诽谤无一例外地把我视为责备措施中的主要攻击目标,谎称我的感觉最差、最不够格……我承认面对指控我不能完全忍耐——这些指控怀疑我的公共动机和行为的正直与廉洁。我觉得,正直与廉洁我一点也不缺乏;此外,尽管我尽最大努力压制怒火,但是有时候我仍免不了进行愤怒的反驳。"当他写下以上词语时，可能在他的脑海里这个国家只有两个人。在华盛顿的整个职业生涯中，没有哪次能比这一次更强有力地证明他意志坚强，自主独立，客观公正，不受感情左右。此时他站在两大火炉中间，一边是汉密尔顿，一边是杰斐逊和麦迪逊，双方都极度白热化，灼热无比，而他自己仍然像平常一样心如止水，不为所动，就像呼吸着六月里的某一天最温暖、最清新、最柔和的空气。但是，在公开出版物以及内阁的正式交往中的所有这些个人冲突，给双方都留下了强烈的恼怒情绪，这不可能不在政党的行动中产生决定性的影响。不管杰斐逊是否意识到——无论他如何考虑，麦迪逊都和他想在一起——在这场笔墨官司中，他遭到了明显的失败，紧跟着这次耻辱性的失败，国会里开始了一场攻击汉密尔顿、试图摧毁他的努力，它很可能就是这次失败所产生的后果。

1793年2月，弗吉尼亚的代表吉尔斯先生提出一系列议案，要求总统提供与财政有关的某些信息。这些议案无异于是对财政部长进行大肆攻击，如果得出结论认为，这些要求没有得到满意的答复，那么将证明财政部长犯下罪行，没有管理好政府的财政事务，蔑视法律，滥用权力，甚至是挪用公共基金。如果能够找到一切合理的证据，证明上述指控属实，那将足以弹劾财政部长，将其送进监狱。此时大家对于攻击来自何方几乎没有任何异议，因为尽管伸出的这双手似乎是以扫的手，声音却是雅各布的声音。吉尔斯的身后是麦迪逊，麦迪逊的身后自然就是杰斐逊。约翰·C.汉密尔顿先生在他的《共和国简史》里声称，这些议案仍在华盛顿的国务院档案室里——汉密尔顿先生写作的时间距今25年——上面是麦迪逊的手迹；他还进一步宣称，吉尔斯向卢夫斯·金保证说，它们出自麦迪逊的手笔。

对于所有归咎于他的主观过错，汉密尔顿的回复都无可辩驳。在某个事例中，的确发生过技术性地违反国会法案的情况，但这仅仅只是为了执行法案本身的缘故。三年前国会曾通过两个法案，授权进行两笔借款谈判，一笔 1200 万美元用于偿还外债，另外一笔 200 万美元用于国内开支。为了方便，同时也是为了谈判成功，在荷兰签订这笔 1400 万美元的借款合同时，没有发表不必要的声明——那样做外国人也可能会很迷惑——声称借贷这么多资金的授权源自国会的两个不同法案。仅仅是在这次借款中，似乎存在着某种漠视法律条文的行为。这两次贷款和它们的目的被完整、清楚地保存在财政部的报告中。有关这些贷款管理使用的其他问题，被解释得非常清楚、直白，除了刻意要从鸡蛋里挑骨头的党派，谁都会感到满意。在所谓的关于赤字问题的指控上，反对派更是彻底噤声。财政部长愤怒地解释道，关于资金的总数，任何人只要问财政部的任何职员，都能够得到，它之所以好像是遗漏了，是因为海关债券的贷款还未到期，以及欧洲的汇票已经卖出但尚未付款。

虽然上述指控足够得体，或者说足够审慎——一种取代了得体的审慎，它们只是在不经意间含蓄地指出，财政部长盗取了从来不归他拥有的东西，但是指控的剩余部分并不如此。国会距离休会仅剩下 4 天，吉尔斯提出了另一套议案。这些议案认为，财政部长蔑视法律，毫无根据地假定和篡夺权力——最初的质询仅仅只是这样暗示——如今这已经被财政部长给出的解释证明正确无误。

因此，做出的起诉书包括裁定和判决；汉密尔顿被指控有罪——目的是要找到过错——并在某个诉讼程序中被宣判死刑，没有审判权，或被承认有权聆听。这些议案的论点包括，某些法令违反了法律；财政部长得对所有这些法令负责；因此众议院决定，把这些事实报告给总统。议案显然认为，总统将立即把这个丢脸的、不忠诚的公职人员免除掉职务。然而，这个指控遭到了彻底的失败。所有这些议案中，赞成票最多的也只有 15 票；另外一些议案的得票则从 7 票到 12 票不等，而法定投票人数则是 50 到 60 个议员。在辩论的过程中，麦迪逊先生说："我的同事（吉尔斯）为立法机构做出了具有巨大价值的服务，它对公众而言同样是非常重要和令人满意的。"众议院的投票结果表明，离获得足够的选票支持他的议案还有很大距离。但是，费舍尔·埃姆斯写道，大约在这个时候，"麦迪逊变成了一个绝望的政党领袖，此外我无法确信他会在极端路上的哪个正常点上停下。"如果说这一切都是事实的话，即麦迪逊挑动了对汉密尔顿的攻击，他就是这些议案的作者，吉尔斯只是他的工具，只是利用他把这些议案带到了众议院，那么埃姆斯的评论就不能说有点刻薄，不够仁慈。

然而，如果认为这个事件中所显示出的敌意完全是出于私人恩怨，这是不公平的。杰斐逊和麦迪逊都从心底憎恨汉密尔顿，他们非常乐意于看到，他们能够把"卑鄙无耻、名声扫地的"汉密尔顿赶下财政部长的宝座，乐意于把他赶下台变成总统的明确职责。不过，他们这次敌意的特别爆发，由于他们对法兰西真诚、热切的喜爱而被激化了。他们非常希望，能随时把汉密尔顿置身于痛苦之中，因为他是汉密尔顿；如今他们比平常更加恼怒地反对他，这是因为在最近的报纸和其他冲突中，汉密尔顿完全占据了上风；但是，在这个特殊的事件中，他们想惩罚他，因为他延迟偿还合众国对法兰西的欠债。这就是吉尔斯的议案里所指出来的关键违法行为。困难在于，并不是财政部长没有尽心看管好公共资金，而是他看管得太好了。他明白无误地坚持说，偿还公共债务时他只偿还给该偿还的人，并不想冒被要求二次偿还的风险。他觉得在偿还法兰西债务的问题上，条件尚未成熟。法王虽然已经被废除，但是财政部长觉得匆忙承认革命政府并非明智之举。今天它是一个共和政府，明天或许会是一个摄政政府，后天可能再次变成一个专制政府。更为审慎的做法应该是，等待一段合理的时期，等待一方或另一方呈现持久稳定的迹象。那些足够年长、能够记得过去叛乱战争的人士，都非常清楚英格兰和法兰西迟迟不承认叛乱同盟、维持观望政策是多么地重要。

但是对于所有这些观点，杰斐逊丝毫都不赞同，麦迪逊也是一样。他们完全同情甚至是热烈支持那些把路易十六送上断头台的人。他们非常清楚法兰西急需资金，当时合众国对法兰西政府的欠债已经到期，延迟还款无异于犯下反对自由的罪行。对于汉密尔顿来说，这个问题不是革命者应不应该代表法兰西政府，而是他们是不是法兰西政府。对于杰斐逊和麦迪逊而言，他们就是法兰西政府，因为他们应该如此。他俩觉得，迟迟不承认革命者代表法兰西政府只能来自于一个"安立甘政党人"，来自于"法兰西和自由的敌人"，这个人将领导美利坚人民"投入大不列颠的怀抱，最终投入大不列颠政府的怀抱"——没过多久麦迪逊就使用这些词语描述联邦党人。由上观之,采取这种做法的人至少是深思熟虑、精明审慎的政治家;究竟谁是教条主义者,今天很可能没有谁会存在疑问。然而,当时大部分民众对法兰西革命者怀有热情。毫无疑问,一开始的情况就是如此,两党之间的认知差别并不大;但是不可避免地,当政府不得不对同欧洲列强的关系做出某种决断时,这个国家就分裂成两个敌对的阵营;或者更准确地说,两个业已存在的阵营变得比以往更加敌视对方。没有必要相信,民众自己对这件事情进行了认真的思考。大多数民众和政党的行事方式一样,都是跟着他们已经非常熟悉的政治领导人的意见走,他们从来不会怀疑,不这样做等于是背叛了合众国对法兰西欠下的感恩之情,背叛了法兰西人手中的自由和民主事业,如今他们正将国王赶下王位——至少是赶下了一个,并且希望更多的国王步其后尘。但是,当革命进入下一个恐怖而无节制的阶段,如果哪一个联邦党人动摇了对于他们自己领袖的忠诚,领袖们会立刻转过身去,奉劝他,巴黎野蛮、血腥的无政府状态不是通向建立一个明智、安全的民主政府的康庄大道。

现在没有必要再为争执寻找托词了,因为真正的理由迅速来临。法兰西向英格兰宣战,合众国不得不在这场巨人的冲突中扮演自己的角色。它的真正利益是置身事外。如果所有人都同意这一点,那么说出这种想法的时候,很可能就不会遇到这么多的困难。华盛顿在给汉密尔顿的信中这样写道:"适合于这个国家政府的做法是,利用它掌握的每一种手段努力维持严格的中立政策,防止民众因此事而使我们卷入这两个强权的冲突之中。"一个非常困难的事情是,如何说服一个人真诚地希望这两个国家谁也不帮助,说服他谁也不会因此而受到伤害;不管是帮助还是伤害,都要对双方均维持绝对的不偏不倚的态度——要说服这样一个人是非常困难的,因为他本人在具体适应"中立"政策时对于这个词的涵义本身就存在争议。但是,杰斐逊对中立政策仍然持有争议;他并不是公开、直接地反对说这不是他期望的事情,而是强词夺理、吹毛求疵地反对说,这个词将他不喜欢的含义涵盖到了这件事情本身。他说:"一个中立宣言,就是宣称不应该有战争,这不属于行政部门的分内之事。"

行政部门没有能力和资格宣称不应该有战争,这是事实;但是,认为使用"中立"这个词将来可能会有别的应用,比如用来防止国会宣战——如果它觉得应该举行会议,认为有必要进行战争的话——这并不是事实。但是这个时候国会仍处于休会期,并没有发生紧急状况使得总统认为有必要召集一次临时会议,他在内阁的同意之下——杰斐逊不敢直接表示反对——发表了一个公告,"敦促和警告合众国的公民要小心谨慎地避免任何形式的行为和举止",谨防有可能妨碍"合众国的责任和利益",要"接受和追求一种对所有交战国友好的、不偏不倚的行为"。有可能遭到反对的词都被剔除掉了,这是遵从了杰斐逊的意见,他实际上倾向于根本就不发表这个公告,他希望通过删除不当措辞的方式把刺给拔掉。总统关注的是事情本身而不是表达的方式,因为在立法机构宣战之前,他的职责是保持和平,而他本人的倾向是一直保持和平。

基本不用怀疑,杰斐逊和他的朋友们像其他党派一样,清楚地看到一场国外战争可能会对合众国的利益造成严重的损害。但是,他们在希望避免战争的同时,明显更加急迫地希望给予法兰西道义上和物质上的帮助,对法兰西的革命斗争表示深切同情;反观英格兰,他们和往常一样尽量避免冒犯它,对于英格兰,他们是憎恨有加,希望其遭受重创。他们坚持认为,不是英格兰的敌人,就是法兰西的敌人;不仅是法兰西的敌人,还是"人权"的敌人。他们不能、也不愿意理解温和之中有着何种智慧,拖延之中有着何种审慎。看到党派仇恨如何把他们当中最优秀的人都给蒙蔽了,这让人感到非常好奇。反对"中立"这个词仅仅只是一个托词,因为公告要求所有善良的公民为了他们的安危,维持着根据所有字典界定的那种中立状态。作为国务卿,杰斐逊先生在指导驻外使节关于合众国政府采取的态度时,可能找不到一个比"公平中立"更好的词汇。事实上,共和党领导人希望避免采取任何积极的立场,部分原因在于拖延可能对法兰西是一种帮助,部分原因是反对另外一派时要遵守政党政治的规则。他们一开始不太确定他们自己的立场,他们希望赢得时间。麦迪逊先生似乎等了大约6个星期,然后对这个公告大胆地发表积极的看法。报纸帮助他熟悉了党派观点,随后党派观点帮助他形成了他自己的观点。"我觉得每一个'公告'"——6月份,距离公告发表大约过去了8周,他这样写道,"在我看来,每一个'公告'(除了合众国(联邦党人)的公告)都显示出批判的精神,批判行政部门的政策呈现安立甘的特点……这个公告事实上是一个极其不幸的错误。"一个星期前,他即便是在给杰斐逊写信时似乎都表现得非常谨慎。当时他注意到,报纸的批判激起了注意,他听到了奇怪的声调:"总统应该宣称,合众国的中立使用了不恰当的词语,当时我们是如此义正词严、毫不含糊地宣布,永久承担捍卫法兰西在美利坚财产的责任。我同样听到评论说,要求人民参与不偏不倚的政策,这难以同他们的道德责任调和,就像政府宣称的无条件中立和条约的表述条款一样难以协调。"他补充说道:"我一直觉得非常屈辱,对于这些观点我无法提出可能会让人满意的真诚解释。"然而,他不用怀疑太久。没过两三个星期,杰斐逊给他送来了汉密尔顿发表的文章,署名为"帕西菲克斯",目的是为公告进行辩护,杰斐逊要他进行回击。麦迪逊立即着手行动,以"赫尔维乌斯"的名义写了5篇文章,他对所有的观点进行了批判。

  有关条约义务的问题最为严肃。合众国在1788年条约中保证,"面对至高无上的基督教陛下起誓,保护法兰西国王在美利坚的当前财产。"大不列颠夺取法国西印度群岛任何部分的努力,都将把合众国卷入战争。因此,麦迪逊先生的朋友会问——刚才他所引用的例子中他们就曾经这么问过——怎样才能使"总统宣布,合众国的中立使用了不恰当的词语,当时我们是如此义正词严、毫不含糊地宣布,永久承担捍卫法兰西在美利坚财产的责任。"汉密尔顿的理由是,根据条文该条约是"一个防御性的联盟",并不和这件事绑在一起,因为当前法兰西与英格兰的战争是进攻性的;除此之外,这个条约现处于悬置状态,因为法兰西自己在某种程度上就处于悬置状态,它只有一个临时政府,该条约永久、合法的继承者并未确定。但是有人认为，决定接受热内作为法兰西大使是一个重要得分。汉密尔顿仍然按照审慎的政策——他认为在这次危机中最审慎的政策——行事，他提出疑问：一位从巴黎临时政府派来的大使是否应该被毫无保留地得到承认。这位大使有可能紧跟着另一位随着革命演进产生的新政权委派的大使。这至少会出现一个棘手的两难处境，合众国政府很难全身而退，它的尊严会毫发无损。但是，为了遵从杰斐逊的意见，这个观点同样遭到了放弃，不过让杰斐逊倍加屈辱的是，让步在经过数周之后才最终做出。

麦迪逊向杰斐逊写道："我急切地希望知道对热内的接待可能会证明什么，我相信那是人民的真正感情。"他有充分理由高兴。从查尔斯顿——热内的登陆之地——到费城，热内受到了所有同情法兰西人士的最热烈的欢迎，以及半数以上美国人的欢迎，他们对于引起公众迷恋的任何事、任何人都时刻准备高呼万岁。麦迪逊怀着极大的兴趣关注着热内的行程，显然也有着某种担忧。几天之后他再次给杰斐逊写信说："对于那些希望证明美国人感情的人士而言，在亚历山大市的财政聚会是一个胜利。"事实上，他在同一封信中认为，可以肯定的是，"如果他（热内）把这些城市时尚的表象或政府冷酷的审慎当做公众的情感，那么他将会被误导"——他自己在获得最终的宣判之前将会陷入所设想的表象之中，认为美国政府的中立只是一个"面具"，隐藏在它身后的是"秘密的亲英派"。但是，麦迪逊极大地误解了，认为热内容易被误导，或完全被任何人引导。正如诺克斯将军所说，热内差点宣布合众国是法兰西的一个省，要在这里征兵，迫使美国人服从。这个人的行为如果不一直是这样无法无天，那么就是荒唐可笑，他任意设想权力，漠视这个国家的法律，蔑视这个国家的政府。他抵达合众国不到3个月，杰斐逊自己就被迫承认，热内已经发展出"如此出乎意料和不同寻常的特点与行为，把我们放置到了最令人烦恼的两难处境之中，一边是我们持久而真诚地尊重他的国家，另一边是他尊重我们的法律，这些法律的权威必须维持；尊重我们国家的和平，这由行政首长负责维护；尊重它的荣誉，这遭到了那位文官的侵犯；以及尊重它的特点，而那位绅士在谈话和信件中对它进行了下流的诽谤。"尽管这是一封官方正式信件，但毫无疑问，它说出了杰斐逊的真实观点，因为没有谁比他更有理由对这位无法抑制的法兰西人的言行表示愤怒。杰斐逊一直被指责为同这位法兰西大使过从甚密，在履行他自己作为国务卿的职责时行动迟缓，这非常可能会在某个地方与其他人的计划发生冲突。热内自己抱怨说，他在收到杰斐逊的全部鼓励之后被他给抛弃了。这当然是真的，但是这一点都不会损害杰斐逊的声誉。当热内抵达费城时，尽管他此前在查尔斯顿做出了一些不太合法的举动，但是他仍然毫不吝惜地慷慨承诺，他将表现出良好的举止。国务卿欢迎他作为法兰西和大革命的代表，很自然地，杰斐逊的意思是要尽最大可能地利用他的价值，一方面是为了共和党的利益，同样也是为了"自由、平等、博爱"的神圣事业。但是他很快发现，和他打交道的人是一个介乎于江湖骗子和疯子的混合物。对此，我们可以从麦迪逊写给杰斐逊的一封信中窥见一斑，这封信写于杰斐逊第一次会见热内之后的两个月内。麦迪逊在信中写道："你对热内的描述非常可怕。如有可能，他一定得被引导到正确的方向。否则，他的愚蠢行为将造成难以弥补的损害。"

让人害怕的损害是，执政党将利用这位法兰西大使傲慢而粗暴的言行，证明贸然行动多么愚蠢，从而为它自己赢得公众的支持和力量。麦迪逊立即给杰斐逊写信，介绍发生在弗吉尼亚的反应，"对一些人的举动感到奇怪和反感，他们支持法兰西事业，把这个大使视为加强我们两个共和国之间的联系，而不是疏远其关系的工具"。他断言："你可以想象得出，现在安立甘党正在忙碌地让每一件事情变得糟糕透顶，正在引导公众的感情转向反对法兰西，支持英格兰。"某种程度上，这非常正确。"财务代理人"、"亲英派"、"安立甘党"和"专制主义分子"，这些都是麦迪逊先生对他的老朋友们的昵称，他们都是吃肉不吐骨头的政坛老手，看见他们的政治对手落入水中挣扎，他们会非常开心地尽情搅拌，毫不迟疑地利用好这些污泥浊水。非常有可能，他们不会总是细心地记得，法兰西不会因为大革命中孕育出来的一个失控的狂热分子不幸找到他的门道，变成了派驻合众国的全权代表，会变得更好或者更坏，会变得更加聪明或者更加愚蠢。但是另一方面，实际上并不存在着任何所谓的"安立甘党"，麦迪逊使用这个词时所意指的党派——这个党被这样一群人领导着，他们是"法兰西和自由的敌人，正在努力将他们与那些人（法兰西人民）光荣地联结在一起的良好愿望，转而投向大不列颠的怀抱，并最终投向大不列颠政府。"华盛顿说，他不相信合众国有10个这样的人，他们的观点值得每个人尊重，能够把政府的形式改变成君主制。但是，在杰斐逊和麦迪逊看来，如果这个国家真有 10 个这样的人，他们的观点并不值得高度重视，那么华盛顿就是他们中的一位。华盛顿深受人民喜爱和敬重，为了实现他们自己党派的利益，杰斐逊和麦迪逊一直乐意于向他求助。但是，在杰斐逊《弗吉尼亚记事》的字里行间，以及他和麦迪逊的通信中，非常容易看清楚他们俩的真实想法，他们认为总统受到了他的财政部长的欺骗。并不是他们的通信中缺乏对总统尊重乃至敬重的这些词语，而是信中的语气经常是一种令人同情的遗憾，几乎近似于蔑视。

麦迪逊给杰斐逊在信中写道："我极端担心总统可能没有足够意识到那些陷阱，那些陷阱可能由于他的好意被一些人利用而给设置好了，这些人的政治观点根本不同于他的观点。"几天之后，他再次说道："我极为遗憾总统被抛入了这样的境地。亲英派不得人心的主张正在公开寻求总统的支持。总统的敌人把他们自己装扮在受人欢迎的法兰西事业的面具之下，正朝他发射威力巨大的炮弹……让总统的真心朋友痛心的是，他的名声和他的影响被理解为对于自由在另一个国家取得成功具有重要意义，因为他为自由在他自己国家的成功做出了杰出的贡献。如果法兰西成功了，这个不幸的宣言将会成为一个重负，它可能会淹没其他任何品质，并会迫使他进行一场甚至是针对他自己的战斗。"然而可以确定的是，华盛顿对他自己的政治原则没有丝毫的怀疑；不管那些原则是什么，他从未因为受到诱惑而背叛了那些原则置身危险之中，此外，他有十足的把握照顾好自己的名声。

是否麦迪逊并不知道，真诚地为华盛顿伤心落泪是非常没有必要的，杰斐逊也没有受到丝毫欺骗。他在《弗吉尼亚记事》里写道，总统提到了最近刊登在福瑞诺《公报》上的某些文章，总统"认为那些文章是直接攻击他（华盛顿）；为此，他一定得像个真正的小丑，咽下四处扔给他的小糖果。这些文章在谴责政府的管理时，也谴责了他，如果他们觉得过去采取的措施和他本人的想法南辕北辙，他们一定认为是他太粗心没有注意到它们，或者是他太笨没有理解它们。"几个月后，总统再次间接提到福瑞诺报纸上的另外一篇文章，他说那个"淘气的福瑞诺"——他一直这样叫他——"卑鄙地把他们所有的攻击都针对到他个人，但是从来没有一项政府的行动——不是指行政部门，而是指所有的部门——没有遭过这个报纸的指责。他感到非常痛心和无奈。"这位直率的国务卿继续说道："我明白了他的意图，我应该以某种方式干涉福瑞诺，也许撤销他在我办公室里作为翻译职员的任命。但是我不愿意那么做。"

如果我们可以相信杰斐逊的话，那么这种情绪和观点方面的坦率而愤慨的告白并不见于平常的华盛顿，甚至见于内阁会议上；似乎几乎没有任何可能性，同总统关系最友好、最紧密的麦迪逊都不可能无视总统的感受和想法，把他设想成一个容易受到操纵者们愚弄的人。事实很可能是，麦迪逊和杰斐逊一样，都不相信这种说法。这只是政党政治所使用的小花招，由于担心总统对民众的看法有太大的影响力，于是假设说在邪恶的"安立甘分子"手里，总统就像陶工手里的黏土一样任人摆布。这两个朋友通过写作和演讲，痛陈和辩解总统的不幸处境——他们非常乐意于这样称呼它——他俩一直都是一唱一和，就像热罗姆画作中的罗马占星师。

第十四章

国会的最后一年

　　热内这个麻烦最终被清除掉了,但是他犯下的愚蠢行为后患无穷。他的出现在某种程度上激起了对法兰西革命热潮的欢呼,尽管这些革命热潮对于推翻旧的君主专制暴政意义重大,但在一个淳朴的民族中间,这种欢呼却并不受欢迎。这里,人与人在法律面前一律平等;这里,从国家肇建之始所有人都充分享受着大众政府的好处;这里的未来,除了共和政府,其他任何形式的政府几乎都不可能出现。原因是,这里的人彼此以"公民"相称,就像这个词在美利坚拥有了新的含义,即刚刚在法兰西获得的崭新含义;这里的人宣誓永远忠于自由、平等和博爱——它们好像是最近才被发现的权利,几个世纪以来国王和贵族一直否认普通民众享有这些权利,他们通常生活在另外一条街道,享受着靠榨取穷人的血汗得来的难以置信的奢华;这里的人组成了雅各宾俱乐部,誓言抵制贵族暴政在这里生根发芽，这个国家——就像塞缪尔·德克斯特所说的新英格兰——几乎没有谁足够富裕到拥有自己的四轮马车，也几乎没有谁穷困到不拥有自己的一匹马；如果有人因为头脑发热而模仿在巴黎具有重大意义的那些革命方式，可能在这个时刻，对于那些认真严肃的人士来说，他的举动更多地是荒谬而非有害。然而，它是有害的，因为它用情感代替了常识，用狂热而不是理性作为行动的指南。政治冲突被赋予了一个新的特征，在接下来的很多年里都深受其影响。真实的情况是，这个政治冲突里有着某种男子汉气概，它与我们时代多愁善感的气质有着巨大的差别，后者非常容易要求宽恕过去内战中的叛乱分子，认为他们因为某种原因被推到了揭竿而起的困境之中。然而，这个冲突更多地与党派情感有关，而不是原则性的冲突，因此不可能说哪个党派绝对的正确，或者哪个党派绝对的错误。公众普遍亲法的现象在约翰·亚当斯这届政府消失了一段时间；但是，它在19世纪的头十年里又恢复了生气，并给政治斗争增加了烈度和恶意。当时人们在处理他们的日常事务时，会在帽子上别上徽章作为他们明显的政党标志。他们的社会和商业关系为他们的党派情感所支配。政见不同的邻居几乎从不交谈，随时做好准备迎接对方进行的政治欺骗，因为在其他任何事情上对方都可能存有恶意，会采取欺骗措施。他们可能很难走在街道的同一边，乘坐同一条邮船，乘坐同一辆公共马车，在同一家商店购买他们的日常用品，或者从同一位牧师那里聆听福音布道。事实上，如果这个布道者被人知道曾经发表过政治观点，他将被那些不赞同他观点的人士抓住肩膀，把他的神职长袍撕成碎片。

对于法兰西的感激之情甚至还没来得及形成传统,它就被最深切的同情心给强化了,同情一个民族奋力争取美国人最近获得的、得到了法兰西帮助的权利。在这份同情心之上,则是对英格兰长久以来的憎恨之情。这种憎恨得到了英格兰的精心培育,好像这就是它的既定政策似的,办法就是鼓励边境线上印第安人的敌意,在公海上暴掠横行,干涉合众国的商业,很少考虑一个独立国家的权利,似乎合众国仍然是处于叛乱之中的殖民地。从来没有一个政党发现,触手可及之处都是如此众多的、深受公众欢迎的现成的斗争材料;这些斗争材料一直被人所利用,就像热内曾利用它们一样,它们可以轻而易举地将这个国家置身于火焰之中。当合众国政府决定应该要求召回热内,以及共和党的领袖们急切地希望摆脱掉他时——因为他们无法控制住他——杰斐逊在一次内阁会议上反对要求召回他的提议,他担心这将激起普遍的侮辱,使得法兰西大使公然反抗美国政府。此公在这片土地上播下的种子获得了上千倍的收成,几乎影响了一代人。毫不奇怪,联邦党人为了反对一个政党,不再坚持他们自己的观点,不再要求民众进行思考,而是仅仅要求他们去记忆和感受,事实上,有着太多的东西需要被铭记。那就是,这样做比其他方法总是更容易,因为诉诸情感比要求理性思考要容易得多。更让人惊奇的是,联邦党人只要愿意,就能长久地坚持他们的观点。除了一件事,所有的一切都反对他们。华盛顿尽管完全超出了任何党派偏见——因为他相信这是他作为这个国家最高长官的必要职责——他仍然采用有别于联邦党人的原则来指导他的政府。由于他和杰斐逊私交甚笃,他不会粗心到不知道做过了什么,也不会愚蠢到不明白为什么这么做;由于他品德高尚,享有崇高的威望,他正直、睿智和果敢,洋溢着强烈的自信,以致他只要仍然担当总统之责,围绕着他的政党就像阿巴拉契亚山一样不可动摇。他的政策是避免和英格兰关系破裂,尽可能让这个强国同合众国建立和平、理性的关系。合众国政府的目标是保持它不卷入外国政治的纠葛之中,维持着完美的中立,这种中立不与任何条约相冲突,不触犯任何国家的友谊,不激起任何妒忌,让英格兰和法兰西进行他们自己的战争,满足于合众国扮演一个不偏不倚的旁观者。30年后,联邦党已经不复以联邦党的名义存在,这种措施被宣告为美国的真正政策,从那时起被称为"门罗宣言"。当然,这个功劳不属于门罗总统,甚至再发现的功劳也不属于他。

在10个案例的9个案例里,或者100个案例的99个案例里,最明智的政治才能就是知道什么时候妥协和如何妥协。当然,这就是约翰·杰伊所能做的,总统正把他派往英格兰去签订一个条约。这个条约非常糟糕,是过去60年来任何总统和参议院都不敢同意的条约;它不像10年之后门罗和平克尼谈判签订的条约那么美妙,届时杰斐逊总统担心该条约将会帮助英格兰和损害法兰西,因而悄悄将它锁在柜子里,甚至不让参议院知道它的存在;它也不像1814年和英格兰订立的条约那样糟糕。但是毫无疑问,它是当时所能订立的最好的条约。问题的关键在于,要么订立条约,要么一无所有。它最衷心的支持者所能说的理由就是,它最大的好处是有总比没有强。没有条约,就意味着战争;在那个时候和英格兰开战意味着毁灭。至少联邦党人是这样想的，就人类所能预见到的前景而言，他们是对的。

但是当它的条款为公众所知晓，没有哪个条约比这个条约更不受人欢迎。政府迟迟不将其公之于众，似乎是担心它无法通过，由于这个犹豫，更激起了担忧中的怀疑。但是当它公布开来，整个南方像一个人一样被激将起来，恼怒地看到关于逃亡奴隶的补偿并没有被提出来，他们在独立战争中在不列颠军队那里找到了庇护之所。对于与英格兰做出的其他妥协，在合众国的其他地区看来，它们让国家荣誉丧失的颜面、受到的损失，似乎并不比拒绝赔偿逃亡奴隶少。同样，与西印度群岛商业有关的一个单边条款严重地损害了美国的利益，以致总统和参议院不仅不打算批准它，还决定反对整个条约，并承担毁约的后果。几乎没人听说有哪个市镇没举行过愤怒的集会。在更大的城市，不止一地，杰伊的肖像遭到焚烧，或者发动了类似的行动，以表达公众的反对声音。汉密尔顿在纽约的一个公共集会上试图解释和捍卫这个条约，被人们投掷石块驱赶下台。是否可以相信对于政府的更加激烈的反对意见，有人认为从总统以下的所有官员，以及支持条约政党的领导人，都被"不列颠金条"收买了，或者虽然没有被收买，却出于纯粹的邪恶动机，准备背叛他们自己的国家，帮助毁灭法兰西。"不列颠金条"的提法就是这个时候出现的，提出了这个论点的足智多谋的发明人，其大名很不幸已经找不到了。但是，它经历了一个世纪的洗礼，仍然被人作为俗语经常挂在嘴边，并且和一个世纪前的意思一样令人惊奇，富有说服力。

然而严肃思考的时刻很快来临，思考签订条约时所处的条件，思考拒绝批准它可能——或非常可能——会发生的后果，以及思考这个条约的反对声音。当第一波激情散去，许多人觉得他们自己值得读一读条文，迄今为止他们仅仅只是听信他人建议对其进行辱骂，或者是跟随大众喧嚣，人云亦云。以纽约商会为首的商业团体得出结论，认为他们的权力和利益得到了合理的保护；在英格兰和法兰西这两个交战强权之间被承认为中立，这是一个巨大的得分；赔偿一部分总比什么都不赔强；未来有可能会出现一个公平、有利可图的机会，这总比所有对外贸易都被毁灭掉好。普遍认为，和平比战争好。但是对于战争与和平的因果关系，两党之间存在分歧：一方坚持认为，拒绝批准条约的必然结果并不一定是战争；而另一方宣称，拒绝它战争将不可避免。英美两国有着非常多的利益冲突，只有相互妥协才能避免发生冲突。在边境线问题上，这显得尤为真实。边境线上，印第安人的敌意肯定会延续下去。如果原本在独立战争结束时就应该放弃的军事据点仍然长久地保持在英格兰的手中的话，那将会导致大的战争。

但是实际上，共和党人真正关心的问题是条约的影响，同英格兰订立条约可能会对法兰西与合众国的关系产生的影响。他们憎恨英格兰，这是源于英格兰的所作所为；而他们倍加憎恨英格兰，则是出于对法兰西的考虑。如果这里面不存在法兰西的问题，他们很可能就像联邦党人一样，愿意根据事情的是非曲直来考虑英格兰与合众国的关系。——别忘了，英美之间的商业贸易，比合众国和其他任何国家的贸易都要大，这个贸易的丧失可能会对她的繁荣造成灾难性的后果。两个国家的人民毕竟来自于共同的祖先，他们在宪法、法律、语言，以及区别于其他种族的性格方面，都有着共同的遗产；他们之间的争执，尽管程度上可能会更加痛苦一些，但仍属于家庭内部的争吵，基于这个原因，这个争执理应更快得到解决。但是，如果英格兰记不住这些事情——它直到今天都是这样——而是恰恰相反，选择专横、蔑视、傲慢无礼，无视美利坚的权利（她一直都是这样做的，前提是只要她觉得安全），那么适合合众国——鉴于它刚刚诞生，仍然是一个弱小的国家——的做法就是，不管英格兰做出任何与合众国的自尊心紧密相关的事情，一定得迎合这个强大的敌人，避免冒犯英格兰或激起新的伤害。与此同时，培育和节省地使用合众国的力量，清醒地计算由于她自己的弱点而可能被迫屈从的各种恶果，并耐心等待她自己时间的到来。这就是联邦党人的原则。他们的目标不是为了英格兰的利益，而是为了合众国的利益。他们是一个美国人的政党，对于他们而言，对外关系重要，主要是因为它们可能会影响到自己国家的繁荣、幸福和强大。他们并没有忘记感激法兰西对于独立战争中的殖民地所给予的帮助，尽管这个帮助的给予，与其说是出于喜欢美利坚，毋宁说是出于憎恨英格兰。同法兰西的和平、友好关系已经建立起来，他们维持着原有的考量；他们十二分同情法兰西人民建立大众政府的斗争，当然这个斗争得保持在理性和人道的范围之内。但是，对于法兰西的同情和感激并没有让他们蒙蔽上智慧的眼睛，以及忘掉同英格兰建立和平、友好关系的期望——当然付出的代价不能是牺牲他们自己的繁荣、独立和国家荣誉。只要能增加这种繁荣,能为这种独立赢得新的安全,能建立起一个国家,让他们、他们的子女,以及直到今天的这一代感到骄傲,他们就应该和这个强大的国家搞好关系;他们和这个国家共同继承了各种理想和法律,它们构建的文明让美利坚变得强大。联邦党人希望在大西洋西边建立一个最广泛意义上的"英语国家",对此,沃尔特·罗利曾希望他能在有生之年看到其开始,如今英格兰最近的历史学家刚刚将其看做英语民族现代帝国的最重要组成部分。

当总统和参议院批准《杰伊条约》时,众议院并不处于开会期;但是麦迪逊先生的信件显示,他在条约中所能看到的除了邪恶,什么也没有。1796年2月,有人向国会两院宣告英美两国政府批准了条约,下院里的共和党人立刻采取行动,竭力让这个条约无效。一个得到麦迪逊先生热心支持的决议被提了出来,要求总统提供杰伊先生所执行的有关谈判指令的副本,包括以信件或其他任何文件传达的适合公之于众的指令。这个议案争论了3个星期之久,但是最终获得通过。这个要求遭到了总统的否决,理由是根据《宪法》,签订条约的权力只属于总统和参议院。辩论主要是在这个时刻发生了改变。总统为了佐证自己的观点,他和联邦党人通常所做的一样,求助于提起召开制宪会议的明确宗旨;求助于一个事实,即"合众国不受未被法律批准的任何条约所束缚"的建议遭到了"明确拒绝"。一天或者两天之后麦迪逊先生说道,尽管他并不怀疑"所描述的事实,但是他对此并没有印象"。对于信息本身,他说它"超乎想象,就像它的语调和意旨一样不合适和不得体"。但是,他认为它是由汉密尔顿起草的,而总统和往常一样,让人痛苦地采纳了它。然而，尽管只有3票的优势，赞同条约的决议最终获得了通过。争论激烈而持久，麦迪逊先生领导了这个反对运动。失望令他更加痛苦，他给杰斐逊写信道："在我看来，整个事态的发展是迄今为止我所碰到的最令人担心和郁闷的事情；更糟糕的是，事态的演变更多地由于我们朋友的摇摆不定、愚蠢、倔强和背叛，而不是我们对手的力量、机敏和恶意。"

正如前一页所说，尽管《杰伊条约》并不像合众国后来所签订的条约那样美妙或糟糕，但结果证明它是一个明智、及时的举措。尽管欧洲事务扰动不安，并对派系斗争日益激烈的合众国产生着影响，但是合众国在接下来的10年或12年里商业的增长，以及随之而来的发展和繁荣，比条约最乐观的支持者们最异想天开的设想都还要巨大。他们所期望的直接结果是，它有可能导致与英格兰建立更好的关系，而不会实质性地影响到与法兰西的既有关系，然而这个设想严重落空。他们的对手更加聪明，因为他们不仅自己精确地计算出法兰西人的愤慨，还细心注意到，即使缺乏鼓励同法兰西的关系也不会枯萎。法兰西国民公会或许会调和这一状况，前提是只要让他们明白，合众国既没有一个"安立甘"党，也没有一个法兰西党，仅仅只是人民为了保护他们自己的利益联合起来，而不管他们的私人同情心如何，决心在两个交战国中维持绝对的中立。但是，正如国民公会所确信的，他们在美国的朋友同样是他们的有效盟友，因此他们相信，那些自称中立的人使用这个词仅仅是作为争取英格兰友谊的一个面具。

詹姆斯·门罗在巴黎一直被接受为美国大使，字面上和道义上都是如此,他受到了热烈欢迎。在一个值得纪念的时刻,在国民公会面前和欢呼声中,梅林·德·杜埃总统以法兰西的名义在他的脸颊上印上了兄弟之吻。直到他在华盛顿政府后期被召回,门罗所代表的与其说是他所忠诚的政府,不如说是他所隶属的国内政治党派。事实上,他并不是没有注意到法国海军和私掠船对美国商人所犯下的数以百计的暴行;并不是没有注意到他们的船员被投入法国监狱,他们的货物被扣押,导致了诸多美国公民破产;他同样没有忘记要求给予赔偿。但是,他似乎完全不能理解,如果美国被迫在英格兰和法兰西的羞辱与错误之间做出某种选择的话,仅仅是由于英格兰给他们施加的压力更大。英格兰船只横扫海洋,从来不缺乏借口,彻底地检查美国的船只,征用他们的部分海员入伍,或是同时没收船只和货物。法兰西有同样多的借口和非常好的理由,也想这么做;但是她只有少量的船只,由于这个原因,她只造成了非常小的损失。

但是,不管门罗如何真切地坚持中立的权利,敦促法兰西内阁严格遵守条约义务,抱怨他们的恶意造成了持续不断的损害,然而他对另外一件事更为急切。他非常渴望帮助法兰西尽可能地阻止杰伊与伦敦的谈判,他就像是在揭露一个反对他自己政府的阴谋。当巴黎知道条约获得了批准,国民公会的愤慨几乎无法遏止。法国外交事务部长照会门罗,国民公会认为1778年条约的条文由于这个对英条约,它最重要的部分遭到了修改和架空。毫无疑问,无论在什么条件之下,法兰西都将反对合众国同法兰西的夙敌建立友好关系。当时法兰西和英格兰正卷入战争之中,两个民族之间激起了更加痛苦的世仇。但是门罗一直都觉得正确的道路是，给法兰西做出大量的保证，即他所代表的合众国的坚强政党，绝不会允许一个年轻的共和国被送交到杰斐逊乐意于称呼为"婊子英格兰"的这个强权手里受其束缚和压制，有人认为这个条约将迫使她那样做。大革命的第一波热情在两个国家迅速变成了套话，献身于自由、平等、博爱的语言开始失去所有的意义。但是，很容易被一个官方代表的保证——一个比语言更有力的行动——给误导，说美国人民拯救了一个亲英的、正在减少的少数派，美国人民是法兰西的朋友，这也意味着是法兰西的盟友。当然，随着合众国批准《杰伊条约》，全体法兰西人变得更加恼怒，因为他们觉得自己受到了蒙骗。门罗第一次遭到了他自己政府的指责，因为他忽略了采取尽可能的一切措施，争取国民公会谅解合众国和大不列颠之间签订的条约。他的行动继续引起不满，没过多久他被召唤回国。

当然，非常可能的是法兰西国民公会没有被误导，采取任何措施都无法使他们谅解合众国与不列颠签订条约；此外，随之而来的做法将会是一样的，因为只要他们相信，美国人民渴望与英格兰搞好关系——这仅仅是为了他们自己的安宁和利益，根本不是因为他们中有一大部分人是法兰西的敌人。然而，这并不是门罗作为政府代表，其所作所为都合适的借口。他仅有的辩护理由是，他受到了国内朋友们的误导，因此，他们必须得为他的所作所为分担责任，因为他们鼓励一个脑子和性格都不足够坚强、容易冲动、缺乏决断力的人，滥用了政府不合适地赋予在他身上的信任。

然而，无论怎么分担这个责任，麦迪逊都会得到解脱。他一直和门罗保持着通信往来，并且随着条约的推进，他给门罗提出了详细的建议。没有谁比他更希望条约遭到失败，他相信大部分人民都反对它。但是，他显然从一开始就怀疑这个反对行动，此外，他在给门罗的信中关于种种可能性的讨论一直都是直白和有偏见的。最后他指望在众议院里依靠它的支持者们的行动和影响投票赞成它，而它的反对者们缺乏能力或时间去阻止它。非常有可能，众议院里他自己党派的同僚们并不赞同他，并不认为公众舆论反对这个条约，因为凭借着他们那一方投出的赞同票，条约就获得了通过。

在国会接下来的会期，华盛顿政府行将结束，麦迪逊的国会生涯终结了。无论怎么看待反对运动对于这个国家福祉的影响，或怎么看待支配着他大脑的个人动机，反对运动的领导几乎从一开始就降临在他身上，这是最适合于那个位置的自然选择结果。这个位置并不容易做好，它既会受到他自己选择的影响，也会受到其他人赞成票的影响；因为在他反对的政府之巅，屹立着一位受到整个国家感激、最为人敬重的人士，围绕在他周围的人，至少由于他们过去的服务广为人知，以及由于他们的能力和品德为人景仰。更为困难的是，麦迪逊和总统的私人关系是最为亲密的朋友关系，他常常是总统寻求咨询甚至是指导的对象；此外，他属于制定了新《宪法》而被人民由衷感激的最杰出人士之列，他指望强化各州联盟，建立一个坚强、稳定的政府。尽管如此，他有尊严地扮演着他的困难角色，即使没有做得辉煌灿烂，他也是随时找到所能给出的最好理由，用以支撑他的举措；他的热情一直伴随着明智的温和与礼貌，对于对手执礼如恭，这使得他在辩论中总是受人尊重，有时候他沉默的力量也让人害怕。

　　大约在他从国会退出的一年之前,麦迪逊先生步入婚姻殿堂,非常有可能,这或许在某种程度上促使他寻求乡村生活的宁静。据说麦迪逊夫人是一位美丽的女士。在我们这个时代,她在华盛顿的社交圈中是一位引人注目的人物,由于她优雅的表现、强有力的言谈,以及有时候属于成熟人士的美丽——可能年轻貌美都无法与之媲美——许多人都记得她。麦迪逊和她结婚时,她叫托德夫人,一位名叫约翰·托德的费城律师的遗孀。当时她26岁,麦迪逊先生43岁;她比他多活了13个年头,1849年去世。在她的墓碑上她被称为"多莉";但是瑞维斯先生在她丈夫的传记中,曾提到的社交礼仪是称呼她为"多萝西",或者叫多萝西·佩恩·麦迪逊女士。因为就像威克菲尔德牧师,他喜欢叫出全名。

第十五章

居家——"98、99年决议"

麦迪逊先生有一阵离开了公职生活，但并没有失去对公共事务的兴趣。可以真切地说，合众国没有几个人像他一样对政治怀有天赋，无论碰到什么问题从来都不会超出他的脑海范围。在公开出版的他的书信文集里，很少有别的什么事情没有涉及，相反，在里边有足够多的事例显示，对于任何事他都说出了他必须说的所有话。他更加雄心勃勃的作品，如《联邦党人文集》里的文章，关于《中立贸易的不列颠原则》的随笔，以及报纸上他以各种笔名发表的引起争议的文章，这些作品都与政治有关，都才华横溢，有着巨大价值，是当时历史的一部分。然而，这些引起争议的文章一定得像他的信件一样视为补充的观点，而不是当做明确的结论不加怀疑地全盘接受。当然，这并不降低这些信件的价值，它们反映的是一个政党领袖的观点。只具有临时意义的事件有时候会在他的面前若隐若现，这仅仅是因为它们影响到了党派的即时行动；其他有着深远后果却同党派的即时行动没有关联的事件，则完全超出了他的视野；但是读者很快就会发现，无论如何他会相信作者的真诚，并很容易接受它们作为他的事业的理由，因为它们发自肺腑直接托出。

关于麦迪逊先生著作的文学价值，抛开它们的历史意义不谈，并没有多少话要说，尽管他一直像是写给子孙后代，甚至他的信件也是如此。在语言使用方面，他并不擅长于修辞；他的风格夸张，较多地使用响亮的多音节词语，字里行间并不闪耀着想象力的光芒，以及智慧或幽默的华彩；他的句子常常复杂难懂，糟糕地拼接在一起。但是，他的所有作品都真诚朴实，有着显而易见的真挚目标，并不时表露出深切的情感，总是让人深受感染。我们试图在这些信件中寻找到他的私人生活和性格的浓缩剪影，因为它们并不明显。某种意义上讲，他没有私人生活，或者至少是没有任何私人生活不从属于他的公职生活，他的私人生活在意义上和吸引力上都微不足道。在个人生活方面，他的信件和杰斐逊的信件有着鲜明的对比。杰斐逊时常声称，他强烈渴望乡村的静谧和家的安宁，厌恶公职生活的扰乱和烦躁，这里面很可能有一小点做作。但是，他的确喜欢乡村生活，喜欢置身于他的羊群和树木之间慵懒闲逛，喜欢观看着他的小麦和苜蓿生长，为他的犁设计新的犁刀，谈论着哲学、《社会契约论》、机械，以及博物学。如果他厌恶了公职生活，那并不是因为政治的权力和荣誉对他来说是一个负担，除非它们引起了冲突和不受欢迎——这的确是他的脑海里所不喜欢的，尽管他非常喜欢教诲别人。毫无疑问，他的私人生活对他本人而言充满着乐趣,这在他的私人信件里显露无遗,阅读它们趣味盎然。

但是对于麦迪逊来说,却是另外一番景象。他难以放松下来。他总是庄严肃穆、屏气凝神,让他屈身于日常的琐碎事务之中,与其说是放松,不如说是痛苦。他一点也不装模作样,也永远不会声称自己没有雄心壮志。似乎没有雄心的人在这个世界上对他或者对其他人来说百无一用,是一种近乎于堕落的缺点。除了几次短暂的中断(时间加起来总共只有几个月),他一直站在他最喜欢的位置,从他1775年步入公职生涯开始,直到他从1817年的政治高峰迈步下山都是如此——在那个高峰上,已没有向上的台阶。在这42年间,他发现在乡村间巷待上一段时间有着某种乐趣,但是这主要是为了享受公务辛劳之余的必要休息。烟草的价格和小麦作物的前景当时都让他着迷,但是它们之所以让他感兴趣,仅仅是因为这是他自己的收入来源,是全国繁荣的参照指标。在一封与政治事务有关的信件末尾,他志得意满地宣称他的美利奴母羊生下了一只小羊羔,母子俩都和预想的一样状态良好。但是非常有可能的是,他脑海里想的是杰斐逊先生的喜悦而不是他自己的快乐,因为是杰斐逊先生引进了这种绵羊。此外,他在同一封信件的末尾部分写道,他希望杰斐逊先生允许用这个种群的公羊提高本地羊群的繁殖率。非常明显,这不是因为他乐于关注羊毛,而是希望对杰斐逊先生擘画的对所有事情都要改进的项目之一表示出礼貌和友好的兴趣。

正是在他离开国会相对闲适的这一年里,麦迪逊先生很可能修建了他在蒙彼利埃的房子。关于这件事,最近产生了疑问。那个时候他当然是在修建房子,但是不太可能的是,他能够不止一次地全身心投入自己房屋的修缮。他的信件在讨论《外侨法》《处置叛乱法》、欧洲的战争、中立船上的自由物资,以及其他公共话题之余,其间也简短地提到了板条钉,这主要依靠杰斐逊先生提供。杰斐逊最近安装了一套制造这种钉子的设备,不过就像他的其他一些发明装置一样,这套设备存在一个故障。因此麦迪逊要求副总统来查看,为什么当窗户玻璃和皮带轮向前转动时,皮带轮的"带子"没有动起来;此外,其他一些只能在市场找到的材料订单也发给了他的这位热心朋友。很容易相信,尽管这些内容只是这些政治信件的附属部分,但是杰斐逊先生会觉得它们是里面最有意思的部分。毫无疑问,他非常乐意于去市场街的店铺里搜寻修建房屋的最新材料,可以忘却主持参议院的烦扰。麦迪逊在给门罗的信中写道,他正派一辆马车去给他的木匠取钉子,"它将会收到几件物品,你一直乐意于从你库存的剩余物资里供应它们,以及收到足够让我现在躺在上面尽享安逸的家私。"显然,他已经做好准备要同他的年轻妻子一起料理家务。门罗的家用物资存货架已经被补充满了,也许这是用他刚从法兰西捎带回来的进口物资进行补充,此外,他把存货全部赠送或甩卖给了他的邻居们。不管怎样,麦迪逊发出了这个他乐意于拥有的羞怯清单:"即,2张约18英尺的餐厅桌布;2到4张可能更加方便的、尺寸更小的餐厅桌布;4打餐巾纸,是否使用过没有关系;以及2个床垫。"这不是一套奢侈用品,它们甚至不适合用来装点一些现代历史学家给我们提供了精美图片的高傲的弗吉尼亚人的房子。"我们很少了解"——麦迪逊先生以这种描述方式继续说道,从来没有什么事情让他感到奇怪无法记住——"我们很少了解烹饪用具的细节,我们无法在需求清单中提供名字或描述之类的详情。"

但是,锅和壶(有可能在弗吉尼亚这并不是它们的名字)、桌布和床垫,尽管数量不多,却确定无疑地显示,这个房子在1798年初就完工了,当他愿意从公职生涯退休时将栖身于此。他已经休息了足够长的时间,并忙于出席这一年在里士满召开的州议会,他同意第二年再度出山担任州议会议员。也许是因为他不能长时间脱离紧张状态,也许是他觉得受到了特殊使命的召唤。此时国外和国内事务都处在关键的时刻。法兰西为了报复《杰伊条约》,对美国商业犯下了一起接一起的新暴行。她的暴行极大地激怒了美国人民,此外,她还拒绝接见合众国的大使们。正如"X.Y.Z"信中所暴露的,法兰西是按照事先的安排对合众国大使及其所代表的政府进行侮辱,这一切使得两国之间的友好关系消失殆尽,战争似乎无法避免。

有一段时间,公众完全支持亚当斯先生的政府,此外,公正来讲非常可能发生的事情是,联邦党人如果处理得当将继续执掌权力,并得到全国支持。但是在某些方面,他们非常不明智,就像他们在其他方面非常不幸一样。亚当斯总统尽管拥有许多杰出的才能,但是脾气暴躁、小肚鸡肠,无法成为一个卓越的领导人或优秀的统治者。然而联邦党人中的其他一些杰出人士和亚当斯总统没有两样,都是喜欢按照自己的方式行事。在他们的内部争吵中,脾气的不相容并不总是归罪于一方。但是,所有人都对实施《外侨法》和《处置叛乱法》这种错误负有同样的责任。事实上，这个挑衅行为毫无疑问非常严重。国外难民涌向合众国，其中很多人是职业的煽动者，此外，一部分人是非常可怜的流浪者。不管此前出于什么原因激起了他们对英格兰或法兰西政府爆发的不满，这都不能作为他们可以在合众国采取暴力措施的理由。但是，他们作为政治热心分子，尤其是作为报纸编辑所做出的举动，很快就被联邦党人看做是一个危险阶级，因为他们都加入了另一个政党。此时有一种观点在合众国迅速蔓延，认为更明智的做法是，城镇、州和国家的国内事务应继续保留在生长和受教育于共和体制之下的人士手中，不能完全落入那些血液和宗教都是异国他乡人士的控制之下，以及落入那些倾向于这样看待政治的人，他们不是从公民对于公共福祉的责任这个角度，而是将其当做一种廉价、有利可图的职业，在这里最谨慎的恶棍能够实现最大份额的掠夺。很可能这两个法律的起草者们决定先发制人，对担忧中的这些恶魔采取某种管制办法，因为"利用"对他们而言还不熟悉，还不会像对待未来世代的美国公民那样，让这些人在其治下不满意就谦卑地生活着。或者，也许他们缺乏我们时代的深邃信念——政府经受破坏的时间越长，越容易回到诚实和明智的治理。

但是不管怎样，无论它们出于什么样的理由，它们意味着根据这些与外国人有关的法律，公民取得的成果受到了更严厉的管理，同时阻止了叛乱信条的增长和传播。真实的情况是，正如有时候以某种貌似可信的口吻所坚称的信条——被赋予自治政府的公民应该被赋予某种程度的智慧和品德——法律设计者的首要目标就是良好的；其次，这个国家后来日子里的某种经历显示，他们并没有完全错误地相信，可能会引起叛乱和内战的那些原则与实践，在其萌发之时就得到了尽可能的、最好的处置。尽管如此，这些法律由于当时的条件，并不妥当和明智。一个原因在于，它们把一个有效的武器送到了反对派的手中，当时处于失败之中的反对派正找不到救命稻草。"安立甘主义"和"不列颠金条"这个散弹枪在当时公众普遍憎恨法兰西的情形下一度失去了它的效力，难以打中靶子。但是，呼吁一个慷慨而易于冲动的民族支持不幸的难民——他们之所以逃离旧世界的暴政，目的是为了在新世界发现自由和安家之所——这种呼吁一定会有人洗耳恭听。除了那些想当然地认为共和主义和人权正得到他们特殊照顾的人士，还有很大一部分人相信，一个不幸的阶级受到了仓促甚至是残忍的对待。喧嚣再次泛起，对联邦党人刮起了强烈的反对声浪。现在可以指责他们，他们不仅是法兰西自由的敌人，还拒绝给予那些将会在合众国寻找到自由的任何国家和任何种族的人以自由；当然，这应该被理解为黑色或黄色皮肤的种族不适用这一原则。事实上，它被提出来作为反对其中一个法案的论点，认为它应该适用于阻止进口非洲奴隶——这些法案使得总统有权命令这个国家以外的、他认为他们的到来会有危险的所有外国人。在这一点上，瑞士居民加拉廷先生尤其担心这会对《宪法》造成破坏。但是，这里所理解的侵犯了人权，侵犯的只是白人将黑人变成奴隶的权利。

作为副总统，杰斐逊先生没有做出任何反对制定这些法令的举动。但是，无论他官方不作为的动机如何，这不等于是他支持这些法令。他起草的《肯塔基1798年决议》，就是他所能采取的对这些法令的最强烈抗议，此后决议被废除主义者和分离主义者当做他们信念的圣约。但是，他秘密地采取行动，仅仅与肯塔基的乔治·尼古拉斯和弗吉尼亚的威廉·C.尼古拉斯（兄弟俩）进行商议，希尔德雷斯认为，"可能还有麦迪逊"。乔治·尼古拉斯在肯德基立法机构提出了这些议案，在做出了一些修改之后，于当年11月由该机构通过。一年之后，其他议案通过，目的是重申此前会议的观点，以及记录该立法机构对这些法令表示的"严肃抗议"。此外，这些议案进一步宣称："那些主权机构（即各州）废除所有以那个工具（《宪法》）为旗号制定的、未经授权的法令，是正确的补救措施。"在杰斐逊先生一年之前给尼古拉斯准备的议案中，一个关键的原则被尼古拉斯遗漏了，原话是这样写的："当权力被认为没有得到授权时，废除法令是正确的补救措施。"这个最初准备的议案在杰斐逊死后被找到，正是他的手迹。希尔德雷斯推测，麦迪逊和尼古拉斯兄弟一样，一起参与协商准备了这些议案，这个推测仅仅是建立在当时时局演变的证据上。11月份，肯塔基决议通过；12月，弗吉尼亚的决议通过。前者由杰斐逊起草，后者是麦迪逊所为，每一个决议中的原则在本质上都是一样的。两个朋友对一个如此重要的举措一起进行协商，这应该是一件非常自然的事情，他们没有理由不这么做，而这些巧合暗示，他们很可能就是这么做的。杰斐逊明确规避这个行动的责任，他知道这个行动可能会危及联邦；但是，麦迪逊并没有隐蔽行踪，迄今为止，我们所能看到的是，他尽管不是立法机构的成员，却前往里士满，显然是为了表述起草这些议案的意图,并迫使它们获得通过。但是,即便杰斐逊认为所作所为正确,他也不是一个勇敢往前冲的人。在麦迪逊看来,这只是一种胆怯的良心。他自己一旦相信他所要做的事情是正确的,他总是做好准备随时打算承担后果。或许他们两个都没有预见到这个特殊法案的真正意义,影响在于未来而非当下。如果是这样的话,他们的行动得根据它当时的目的来衡量。如果杰斐逊当时当地的目的是瓦解联邦,或者甚至是削弱将联邦联结在一起的《宪法》纽带,那么他是小心翼翼地担心让人看见。但是,如果麦迪逊的目的是通过反对那些他认为严重违反《宪法》的法律来强化联邦,那么他的勇气尽管值得赞赏,却并不让人感到奇怪。他说,那就是他的动机,捍卫这些议案,以及捍卫他在这些议案中扮演的角色,是他此后生命中主要的兴趣和努力的目标。他被选为1799—1800年州议会的代表,很可能这是由于他和他的朋友们觉得,他应该有官方身份,以便在这个议题可能再次需要讨论时,审阅这些议案送达的其他州送回的答复。那些回复的报告同样由他草拟,上一年采取的立场得到了进一步的重申、解释和完善。

  1827—1828年废除和分离运动的宣言,被认为是1798和1799年的肯塔基和弗吉尼亚决议的合理结果。此时杰斐逊已经去世。但是麦迪逊觉得,为了捍卫他自己和朋友死后的名声,有必要否认它们之间存有任何相似性。从1830年到1836年,他的主要精力似乎一直被这个议题给占据着,他为此写了大量的信件,以及一篇标题为《论废除行动》的30页长的论文,论文记录的日期是1835—1836年。1836年是他生命的最后一年。他非常愤慨有人指控他在其漫长的公职生涯中,存在着任何前后矛盾的政治行为,其中最为突出的是指责他对《宪法》和联邦的态度前后矛盾。他认为,1798年决议并不意味着也不打算宣称任何一个州有权阻止或废除全国政府的一项法令,因为那只是一项归它们共同所有的权力。他谴责废除和分离运动是"一对孪生异端","应该被埋葬在同一个墓穴里"。他宣称:"一个政治制度如果不包括着有效条款可以和平解决产生于它内部的所有矛盾,那将只是一个名义上的政府。"他断言:"一个自由政府和一个不自由的政府,它们之间的本质差别在于前者建立于合约之上,与它有关的政党通过合约相互、平等地联结在一起。因此,它们中没有谁比另一个或其他不得不联系在一起的政党拥有更大的权力可以打破这个协议……现在正处在一个关键的时刻,声称可以随意退出联邦的主张应该被公共意志压制下去。"他给另一个朋友写信道:"还有什么比这更荒谬的呢,认为联合起来的合众国,在任何方面、任何程度上都不是一个拥有主权的国家;……另一方面,同时又认为单独的各州完全是一个国家拥有主权?……《宪法》的条文非常清楚,《宪法》和合众国的法令高于几个州的《宪法》和法令;对它们的解释和执行都至高无上,它们的权威也是如此。没有这些方面的至高无上权,它将像士兵手中的剑鞘里面未装着宝剑。"20年后,亚伯拉罕·林肯可能也这样说过,当时他坚决认为,作为总统,他的首要职责就是镇压叛乱。

总之,这就是麦迪逊先生在他生命的最后五六年里对于这个议题所写下的多篇文章的主要观点。当时他觉得,无论他在18世纪的最后几年是怎么想的,他都把合众国看做是一个国家,而不是一个邦联，一个仅仅通过被称为《宪法》的"条约或盟约"将其各个部分联结在一起的邦联。但是，麦迪逊先生的目标是要证明1798年的那些决议与这些关于合众国主权的观点，二者之间没有任何不一致。他当时强烈坚持那些观点，就像他现在坚决维护这些观点一样，这些文章以及作为它们作者的他都将各州看做一个整体，而不是一个个单独的州，以便用符合《宪法》的方式找到和适用一个补救措施，去应对政府管理可能会犯下的不符合《宪法》的举措。他坚持着这个观点，一如他早期作品的标志性风格——敏锐、精巧，富有逻辑。他对这种攻击非常愤慨，就像他对被指控为前后说法矛盾一样感到郁闷。在这里，前后矛盾只能理解为说谎。在他生命的最后6年中，并不存在他的观点被误解这种可能性。这个世界无权怀疑他一再重复的、真诚的保证，即这就是他草拟1798年决议时的观点。只能说，30年后他给它们做出的解释，与它们在写作之时被人们普遍理解的意思正好相反。

但是，如果他对自己进行的辩护被认为是彻底的话，那么当这个说辞被提出来为杰斐逊进行辩解时，甚至连貌似真实都谈不上。1830年麦迪逊写道："《肯塔基决议》中的'废除'这个词属于1799年的议案，这个议案杰斐逊先生什么也没参与……1798年议案由他起草，既没有包含这个词，也没有使用类似的词。"不管麦迪逊先生是否知道，当时公众并不普遍知晓其中的一个议案，以及杰斐逊1798年起草并交给肯塔基立法机构的议案的一部分，都被尼古拉斯先生给遗漏了，那就是曾经引用过的主张："当权力被认为没有得到授权时，废除法令是正确的补救措施。"第二年，布雷肯里奇先生提出了附加议案,这个主意尽管语言上并不完全一致,但是表述的用词类似,"那些主权机构(即各州)废除所有利用宪法工具的名义所制定的、未经授权的法案,是正确的补救措施。"1832年,在杰斐逊的孙子和遗嘱执行人的授权之下,这个事实被公之于众;此外,杰斐逊先生在这个决议中的另一个宣言,并没有作为对联合着的各州(co-States)的告诫:"每一个州将采取它自己的措施,认为无论这些法案,还是全国政府的其他法案,没有得到《宪法》明确和有意的授权,将不能在它们各自的范围之内执行。"当时麦迪逊先生肯定知道所有这些事宜,即使他以前不知道也是如此。然而,3年之后在他署名日期为1835—1836年的《论废除行动》的论文里写道:"废除法令的修正权力所产生的结果是,某个州可能会阻止合众国的法令执行……这个新发明的理论试图将共和主义的先驱杰斐逊先生认做鼻祖。"对于这个说法,宽容的做法是相信后来的回忆存在着某种错误,麦迪逊忘记了杰斐逊首先是废除行动的先驱,他自己的话可以作证。

关于《外侨法》和《处置叛乱法》,前者比较遭人厌烦,从未施行过,后者的期限则被限制为2年,这些法令对1800年的总统选举产生了影响。但是更多的原因在于,总统和联邦党的一些领导人之间产生的分歧使得那个党失去了对权力的控制,并且再也没有恢复过。随着杰斐逊的当选,麦迪逊进入了另一个公职领域,从政治上看是一个进步,不过在那里他的影响尽管很大,但作为他的政党的一个积极领导人,他的影响并不明显。麦迪逊先生自己在多年之后的一封信中说道,正是在杰斐逊先生的"再三要求"之下,他接受了国务卿一职。在同一封信中他解释道,他曾经拒绝了华盛顿的一个行政任命,因为在众议院中占有一个席位,他将不太容易受攻击,被指责为在"《宪法》的起源和批准"过程中观点自私;因为在那里——甚至在任何地方——他能肩负起责任,持续反对《宪法》的敌人,尤其是"随着它的发展,在新的党派将有害的解释添加到它身上的过程中,会遇到新型的考验。"后一个原因似乎有点事后诸葛亮的感觉,那是不经常奉承他们自己的公众人物将会预料到的一个问题,他们宁愿不被问及。麦迪逊先生是第一届国会的成员,从国会第一天开会之日起就是,远在新《宪法》遇到新政党的新考验——添加这种或那种方式的任何解释——之前。

第十六章

国务卿

　　1801年3月4日清晨,杰斐逊先生在篱笆上系上他的骏马,独自一人走进国会大厦,宣誓就任总统之职。麦迪逊先生在这个匆忙的就职仪式中并没有出席,他的老父去世使他滞留家中。然而,此后他立刻响应杰斐逊先生的征召承担起国务卿之责,他在这个职位上一直做了8年之久,紧接着就任总统之职。
　　这个新王朝在一个有利的历史条件下开启了它的历程。当然,对于欧洲事务的状况仍有着许多担心,因为只要法兰西和英格兰之间追求霸权的战争还在继续,合众国必定会处在一个危险的位置;而只要拿破仑掌握着军队,这个战争就会继续。但是,合众国同法兰西开战的危险不再迫在眉睫,因为亚当斯先生已经明智地重新建立了友好关系。当然许多联邦党的领导人认为,付出的代价是毁灭了他自己的政党。英格兰对美国商业的打击此时停止了,14年之后它们完全停止，届时随着欧洲和平持久建立，挑衅行为消失。在这暴风雨之前的暂时平静期，太阳光从静谧的天空照射下来，大地享受着宁静与繁荣。总统在就职演说中说道："同所有国家和平相处、商务往来、真诚友好，而不与任何国家结盟，"这是"我们政府的根本原则，以及接下来指导政府管理的根本原则"。国家的状况与这个构想一致，甚至可能还建议这么做。"我们都是共和党，我们都是联邦党，"杰斐逊在他的就职演说中说道；然而，这只意味着公开宣称两个党派在爱国主义方面观点一致，而不是像某些时候设想的那样，声称竞选之中泾渭分明的党派界线最终被冲刷掉了。但是，差不多有一年之久这似乎就是事实。至此，不管是在北方还是在南方，一个接一个的州在它们的州级选举中从联邦党转向了共和党或民主党；新英格兰以外的所有地区除了德拉华州，没有一个州属于联邦党；甚至在曾经被联邦党强有力地控制着的罗德岛，共和党也获得了大多数民众的支持高歌猛进。"各地都是这样，"10月份麦迪逊写道，"随着公共情感的增长，挫败了联邦政府邪恶敌人所发出的指责和喧嚣。"

如果不能断言联邦党的统治在这个关头倒台是否是一件幸运事——在历史上没有什么比设想可能会发生什么更无聊的事情了——那么至少可以说，杰斐逊政府在他的第一个四年对他的国家来说是幸福的，对他的人民来说也是满意的。在华盛顿之后，没有谁这么受欢迎；除了林肯以外，也没有谁获得这么大的成功。也不能说这段时期之所以是一个幸福的时期，是因为它没有发生值得大书特书的历史事件；因为这一时期制定了许多里程碑式的法令，它们在通过时获得了热烈的支持，并经受了时间的考验。对于他的性格及其政府在那些年里的表现，他的许多同时代人的评判是非常肤浅的，这些人既不喜欢也不尊重他，把他的成功和受欢迎归结为他的好运气。对他的一些政治对手而言，他们非常乐意也特别容易采用这种方式解释不喜欢的事实。巴顿在他的《生活》中写道，平克尼只能把杰斐逊对公众信心的掌控理解为"人民的迷恋"。约翰·昆西·亚当斯说："幸运之神一直乐意于把杰斐逊最薄弱、最愚蠢的事务变为成功之事，比他用最深邃的智慧煽动起来还要成功。"莫里斯总督说："如果让人民喝好了，他们将会变得认真严肃，但是如果他们持续游戏嬉闹，同他们说理是没有用的。"此后几年不止一次不止一个地方都是这种状况，有可能真实地反映了大众政治的热情。但是，说它在19世纪的第一个四年里占据着主导地位这并不真实。亚当斯先生的挖苦不能说一点也没有勾起过去的事情真相，即杰斐逊先生在他的第二个任期真的犯下了大错，坚持延长禁运，而这正是亚当斯先生在他自己的政治生涯里做出的有限几件蠢事之一。为了获得对这个错误政策的支持，他抛弃了他的政党。

尽管在8年任期里杰斐逊先生的内阁发生了很大的变化，但它们并不是争吵的结果。然而，他也许是一个专断的总统，比此前占有这个职位的其他任何人都有过之而无不及。毫无疑问，他积极寻求并认真聆听建议；如果建议有可能不适合他，那么他就不会仓促去寻求建议。正是凭借他自己足智多谋的大脑而不是其他人的建议，一个个重要措施诞生出台。他性格上的这个特点——骨相学家称之为"隐匿"——在很大程度上左右了他的行动。悄然、熟练地提出建议,然后安排其他人去做他想做的事,而自己隐居幕后,这对他来说是自然而然的事;尽管有的时候这里并没有别的动机,仅仅只是喜欢隐匿而已。他宁愿隔三差五地悄悄向国会议员提出建议措施,而不是向国会提出,尽管这两种情形的结果可能都是一样的。在其他时候,如果牵涉的后果关系重大,而他完全相信的只有他自己,那么他会勇敢地担当起责任,比如他购买路易斯安那,以及在他的第二个任期隐瞒和英格兰订立的《门罗－平克尼条约》。因此一点也不奇怪,在杰斐逊担任总统的 8 年任期里我们所看到的结果是,麦迪逊扮演的角色没有通常意义上的国务卿有分量,或者也不如平常的他有分量。他与他的上司配合得天衣无缝,他的上司对他的知识和决断一直怀有最高的敬意,毫无疑问,当杰斐逊认为有必要听取别人的意见时,他会努力倾听麦迪逊坚实而温和的建议。但是,麦迪逊在杰斐逊政府里的影响并没有他在华盛顿政府里的影响突出,当时他扮演着反对派的角色。华盛顿在决断某个事情对自己的能力产生怀疑,以及觉得有必要实行开明政治时,他习惯于征询麦迪逊,当然,华盛顿并不总是接受朋友的建议。杰斐逊很少发生这种情况,即会在讨论或决定所面临的任何问题时对自己的判断产生任何怀疑。

  他的政府中最重要的措施都是由他自己做出,一旦需要做出决断,他立刻满怀活力和勇气推出一个结论。现在没有人怀疑,或者自从废除奴隶制以来就没有人怀疑,购买路易斯安那是强力政治家的行动。杰斐逊并没有预见到,获得那片肥沃的土地将会刺激国内奴隶贸易，因为这对于"用奴州"和"蓄奴州"一样有利可图；或者说预见到，鉴于奴隶制给一个阶级增加和带来了繁荣与权力，这将会产生出寡头政治（其建立的基础是奴隶所有权），60年后不得不付出巨大代价才将其连根拔掉。但是，杰斐逊的目标是确保和平地获得密西西比河两岸的土地，以便永远地解决这个问题，那就是只要这条河流的归属未定，就存在同这个或那个欧洲列强爆发无休止战争的危险。这个危险将会一直牵涉另一种可能性，即阿巴拉契亚地区变成合众国的西部边界。在那种情况下，密西西比河流域以及它西部的广袤土地将有可能落入其他民族的强权之手。杰斐逊先生对此看得非常清楚。但是1861年叛乱的结果证明，他实际上比他获得这片土地时的认知还要深谋远虑，这片土地延伸到了萨宾人以及落基山的脚下，他为一个自由民族占有了它。

  这里再次重复购买路易斯安那的故事完全没有必要。7月份购买的消息传到华盛顿时，受到了热烈的欢迎。《宪法》里根本没有授权可以通过购买的方式获得领土。此外，杰斐逊先生的反对者们没有半点退步，不断指责和嘲笑这位从严解释《宪法》的伟大冠军，说当他觉得做法似乎明智时，他会毫不犹豫地违反《宪法》。总统和他的国务卿坦然面对这个指控，承认指控完全公正合理；但与此同时，他们做出了一个有效的辩护，用增进公共福祉这个借口作为抗辩理由。尽管这个辩解说到了要点上，联邦党人要反驳它并不容易，但是这并没有减少嘲笑，因为别忘了，当年担任财政部长的汉密尔顿正是利用这个理由为征收某些税收进行辩护；而共和党曾坚持说对《宪法》的明显限制不能因为这样的借口而违犯，即使是为了公共福祉也是如此。杰斐逊对于宪法角度的反对意见非常敏感,他建议修订《宪法》以满足需要;但是没过多久情况就变得非常明朗,天定命运的不成文法律并不需要诉诸投票箱。杰斐逊在收到签订条约的信息没过多久后给一位朋友写信道:"发牢骚的人把购买的所有功劳都归结为战争的偶然机遇。"他补充道,他们在文件的纪录里"将会看到,尽管我们不能预测什么时候会发生战争,然而我们却以充足的理由分析过一旦战争爆发将会产生什么样的后果。"很可能,他只是想通过这件事表示,他的政府从一开始就准备利用有利的历史机遇,即英格兰和法兰西之间可能要发生战争,因为事情已经足够清楚地摆在全世界面前,这场战争或早或迟一定会爆发。然而,这些预想中的历史机遇真的出现时,它特别的时间节点并没有真正预见到。杰斐逊根本无法预见到,西班牙将会把路易斯安那还给法国;无法预见到拿破仑会立刻进行全面准备,对密西西比河两岸进行殖民开发;无法预见到拿破仑会放弃建立泛拉丁帝国重要日程上的重要一步;以及无法预见到拿破仑自己会全身心投入必要的准备工作,去征服他的敌对民族的最可怕敌人。但是,杰斐逊的最高声誉在于他做好了准备,他在最合适的时刻充分利用了这些时间节点赋予的历史机遇。毫无疑问,即使他不曾出生,文明的进程从本质上讲亦毫无二致。但是,由于横空出世,他对诸多事件产生了重大影响,这些事件使得英语民族最广泛地分布在这个星球上,并对这个时代产生了巨大影响。尽管他一点也没有预见到购买路易斯安那的重要意义,甚至也没有想象到它的结果,但是这丝毫不会减损他这个行动的历史功绩。他觉得，超出密西西比河的地区或许可以用做东部印第安部落的庇护所；但是，他当时既没有看见也没法看见，购买路易斯安那尽管只是最初的一步却是关键的一步，英语民族凭此迈步走向占领整个大陆，直达太平洋。第二年他派出刘易斯和克拉克进行远征，完全是出于科学，尤其是地理学的兴趣，远不是出于可能要移民到那片广袤地区的任何想法。事实上，他曾认为，如果新获得的这片土地得到明智的管理，那么将会吸引东部的印第安人越过大河，其结果将是"把我们的人口集中起来，而不是分散开来"。但是，"谋事在人，成事却在天。"

然而，获得路易斯安那的直接后果足够给总统带来几乎席卷一切的公众支持，南部和西部尤为如此，不过对于未来并没有进行任何启示。这个行动也并没有因为它对国外奴隶贸易是一个直接刺激，使得公众的支持率降低，部分原因是北方兴奋激动但利益不大，部分原因则是南方激动于它是重大利好。事实上，废奴组织呼吁应该禁止从非洲进口奴隶到这块新合并的土地上。随后一项法律获得通过，禁止引进奴隶，除非从合众国其他部分迁来真正打算安家的拓殖者把他们带进来，这意味着1798年前进口的奴隶可以引入。但是，这项法律也许可以准确地命名为"鼓励奴隶贸易法"，旧的奴隶州似乎一直就是这么认为的。南卡罗来纳州重新开放了同非洲的奴隶贸易，由于国会并没有征收《宪法》规定的一个人头10美元的税收，换句话说这个"原材料"等于是免费进口；其他州则被安全地交给供求关系的规律去调节。无论南卡罗来纳州还是其他任何州，自1798年以来都没有进口过奴隶。因此，所有的奴隶人口可能都是被实际的拓殖者合法地引入路易斯安那，而他们在原先那些州的位置由新进口的奴隶补充。需求调节着供给，从非洲来的供给事实上等于是进口的黑奴被直接运到了新奥尔良。这在1808年之前都是合法贸易；此后，尽管没有法律保护奴隶贸易却生意兴隆，因为它有利可图，只要东部黑奴的自然增长不足以满足西南市场的需求，情况就是如此。

但是，在杰斐逊政府最初的四五年里除了国家领土的自然扩大，还有其他许多事情为他赢得了国民的赞赏。尽管就职时和蔼、宽厚的保证不能被忘记——"我们都是共和党人，我们都是联邦党人"，然而他的政党没有什么可以抱怨的；此外，另外一个政党有理由值得感谢，因为就像杰斐逊所说的"联邦党人很少死去，也从不辞职"，被迫离开办公室而被人记起的官员数量并不大，他们的离职是由于不合理地延迟做这件事或别的事。然而，只有政治人物——这个群体远比今天小——才考虑这些事情，民众通常是受到其他考量的影响。人们对总统所做之事和未做之事都报以信任。由于他的功劳，这届政府是一个精简、高效的政府；但是，在财政问题上却是通过加拉丁先生技巧娴熟的管理，使得古老的公共债务得以步入迅速偿清的日程。偶尔的检举弹劾给国会的议程带来了生气，要不然它们将毫无作用，乏味无聊。杰斐逊在他的第一个任期内，从来没有什么事情像巴巴里战争那样偏离了他循规蹈矩的性格。当然，这次战争得到了成功实施，与巴巴里诸国的战争结束了持续多年的勒索和暴行——它们一直毫无必要地被遵守着。然而在这次战争中，尽管这些精力充沛、勇敢无比的海军官员手中只拥有几艘海军舰艇,但他们注定在未来岁月里声名显赫,就像班布里奇、迪凯特、普雷布尔和巴伦一样;此外,派出远征队成了后来的所有政府不得不做的事。不和"联盟纠缠在一起",或者卷入同任何欧洲列强的纠葛,这很容易做到,前提是只要这些列强让合众国的商业不受干扰,可以去追求它和平、有利可图的事业。英格兰和法兰西都这样维持了几年,结果是巨大的运输贸易落入美国商人之手,这给整个国家带来了繁荣,这种局面以前闻所未闻,此后也不再出现,差不多维持了四分之一世纪之久。所有这些事使得杰斐逊先生深得民众认可,几乎被当成是上天任命的总统。如果正如约翰·昆西·亚当斯所言,命运之神乐意于将她最光芒四射的恩惠投射到杰斐逊身上,那么杰斐逊至少知道如何最好地利用它们。它们同时使得杰斐逊的国务卿一直置身于这些光芒和温暖之中,平静、安心地忙碌着,勤勉、忠诚地履行好工作职责。在这个繁荣、平静的年份,他不可能操劳过度。

第十七章

禁　运

　　第二个任期刚一开始，杰斐逊就发现自己陷入了麻烦之中，因为合众国被缓慢却确定无疑地卷入了欧战的漩涡。国内和国外的运输贸易在很大程度上落入了美国人的手里，这变成了痛苦的根源。他们用于国外贸易和进入合众国海关船只的总吨数，差不多等于不列颠用于同样的贸易和驶入英国海关的船只总吨数的五分之四。但是这里存在差别，大不列颠的海外贸易差不多全部是从它自己的港口运出，因此它的收益显示了它的全部数量。另一方面，美国船只大部分是欧洲交战国和其他国家港口间的运输者，它们根本不进入雇佣它们的美国海关，或者雇佣它们的其他国家的海关。早在1804—1805年，美国人掌握的海外贸易的总额很可能比英国商人控制的部分还要大很多；前者一直增长，直到1806年《柏林敕令》公布，以及第二年不列颠枢密院谕令公布。这个海外贸易的直接收益不仅仅是财富流入合众国。随着资本的增加，它刺激了国内的企业和工业；此外，不仅有更多的资金用于运转，还有更多的资金用于消费，结果是进出口稳定增长。1805、1806和1807年，仅大不列颠一国大约就占到了年平均出口总额的一半，总量超过2000万美元；同期对英进口总额大约为每年6000万美元。这种不平衡尽管随着繁荣的增长而增加，但并不代表着合众国贸易不总体平衡，就像一派政治经济学家将会坚持认为的，它一定是这样。从其他欧洲国家进口商品交换美国产品，这个贸易总量很小，这个差额以及海外运输贸易的收益被英国产品给减轻了。换句话说，从英格兰的进口代表着对欧洲所有出口的收益，而这些收益——起初通过现金交易是可行的——同样是美国的所得和其他国家的所失，由于战争那些国家的船只被从海上赶走。

不列颠制造商没有理由对这种状况感到不满。他们的产品的最好市场在持续改善，他们并不关心是谁将这些产品运到美国。但是英国政府以及拥有船只的英国商人对此既不高兴也没有耐心，他们不可能看不到合众国正迅速变成一个强大的商业竞争对手。这件事情本身就已经足够糟糕了，然而，更大的困难在于容忍一个无法忘怀的记忆——这个竞争对手来自于刚刚叛变英格兰的合众国，他们如今的总统就是当时最可恶的叛乱分子之一。英格兰是海上的女王，如果她可怕的敌人可以嘲笑她摧毁法兰西商业的所有努力，办法是法兰西的商业能继续打着中立的旗号安全地进行，那么她能采取什么样的有效措施呢？如果那个旗号必须尊重，那么英国海军舰队和私掠船寻找战利品的巡航将会徒劳无功，因为任何不足以强大到保护自己商船的交战国,其商船都仍然停留在港口里。当时许多国家的法律都不承认自由船只运送的货物自由。但是,类似的目的基本上可以实现,办法是交战国的财产让中立船只安全运送,借口是中立船只为中立国拥有。比如,法兰西殖民地的产品被装到美国船只上运到合众国,然后在那里重新装船作为美国财产运往法兰西。英格兰认为此举违反了普遍承认的公共法令,即交战国的财产是合适的战利品。因此,当她看到法兰西商业采取这种方式脱离了她的掌控,以及她最可怕的对手由于掌握了法兰西商业正变得富裕和强大,她立刻寻找解决办法,没过多久就找到了一个。

中立国可以利用战争局势参与和平时不存在的贸易,这遭到了否认;美国船只在公海上遭到拘捕,被带往港口,并被海事法庭判决有罪,借口是它们以这种贸易方式运送敌人的物资。如果这种权力变成各国认可的法律并得到执行,那将极大损害美国商业,除非它受到成功抵制。为了证明这是一个恶法,麦迪逊先生写下了《关于指导捕获和平时期不存在的中立贸易的不列颠政策的审查》。文章对整个问题进行了仔细、深入的讨论,并引述最杰出的国际法学家的观点、条约条文,以及各国过去的做法,证明不列颠的政策是错误的,将导致侵犯其他中立权力。但是,尽管论证无可辩驳,文章却无法促使不列颠政府走上理性之路,除非它的身后有着某种难以忽视的理由。给杰斐逊先生炮艇的拨款少得可怜,并不足以让这只海军力量在1815年之前做好准备,能积极有效地服役,甚至1815年这只海军力量能否投入使用都还是个未知数;此外，到了那个时候，其使用方式是否有效也存在疑问，因为它不能主动出击打击敌人而必须等待敌人前来自投罗网，就像火灾必须得送到消防车面前来。与英格兰开战必定是一场海战，合众国不仅没有能产生任何战果的海军，而且杰斐逊先生的政策与此前两任政府的政策完全相反，它的部分政策是根本就不应该有海军，仅仅是将这些炮艇装在轮子上和藏在掩体下，做好抗击入侵的准备。但是，他根本就不担心入侵，理由是那样做英格兰将一无所获。1805年秋麦迪逊写道："英格兰正卷土重来，破坏我们的商业，造成了最严重的打击，并在我们的商人中激起了更加普遍的愤慨，这比以往任何时候都难于言表。"

这些破坏不仅限于逮捕和没收美国的船只，借口是它们运送的货物是战时禁运品。一些海员被带走，被指控为是不列颠的臣民和逃兵；英国人不仅在公海上抓获了比以往更多的海员，而且还在合众国的领海里胡作非为。毫无疑问，这些海员经常是不列颠臣民，并且抓获他们有司法依据，前提是英格兰能够正当地将她的国内臣民也被迫服从的无情征用制度扩展到全球所有部分，扩展到所有国家的船只。门罗在给麦迪逊的信中说，不列颠大使通知他美国"严重地滥用了保护授权"，同时也承认"他给我提供了一些极端丢人的例子"。但是，即使允许英国海军可以不通过法律程序逮捕这些逃兵，而不管他们在哪里被发现以及不尊重其他国家的国旗，那么借口美国公民是不列颠臣民而把他们强征入伍，这也是一种国家性质的侮辱和暴行，要求表示愤慨和抵制。但是，有什么补救措施呢？在这种情形之下的最后依靠，各国有且只有一个。

可能一开始会试图采取外交和法律途径，但是如果它们失败了，战争必将是最终的仲裁。对此，美国政府没有准备；此外，不做准备越明显，采取其他方式补救的可能性就越小。当然，立即开战并不明智，因为一个几乎没有一艘战舰的国家同世界上最庞大、最高效的海军发生战争，能指望有什么好结果？然而，如果1805年到1807年这是实际情况，那么1812年的情况也并没有什么不同。但是，如果说中间这些年份是做战争准备的年份，那么，哪一年战争实际上成了最后的依靠，这也并不是真的。然而事实是，早先时候支持政府的政党和政府一样并不支持战争；与此同时，等到支持战争的政党出现并上台执政，这个国家的状况却是随着时间一年年过去，越来越不适合于求助战争。

　　为了应对英国的侵犯，最先采取的措施是通过法令禁止进口某些不列颠产品。这一直是麦迪逊支持的政策。此前许多年，他一直鼓吹并坚持这个观点，当时他是国会的一员，而大不列颠干涉合众国的对外贸易强征她的公民入伍，第一次侵犯了合众国的权力和尊严。30年前《不交往法》作为美国的政策曾经是一项行之有效的措施，并有着某种声望。没有人看到，或者说没有经过实践无法看到，一个适合于殖民地状况的措施并不适合于一个独立的国家。但是，总统和国务卿完美地步调一致，因为杰斐逊宁愿发生任何事也不愿发生战争；而麦迪逊被说服相信，英格兰由于她的制造业失去了最好的市场将会走向妥协。其他人，尤其是约翰·伦道夫则看到这个措施只是第一步，如果坚持下去必将导致战争，与此同时，进口受到干涉，这对合众国的伤害同对大不列颠的伤害一样巨大。伦道夫非常容易脱口说出一大堆事实，它们碰巧适合于他。他说，强征入伍是一个老问题，在国家还没有做好开战的准备之前，它一直不被人认为是足以开战的挑衅行为；现在并不比过去更加有赖于那个绝望的补救措施。没有海军，将无法阻止英国舰队封锁美国所有的重要港口。合众国可能会需要盟国，此外，他并不愿意合众国把自己投入到正在寻求全面征服的列强的怀抱之中。他说，如果在海上不列颠海军被赶跑，那么法兰西将成为海上的暴君。此外，准备保护的商业并不是"美国的正常贸易"；而是"迅速生长的蘑菇，是将会导致战争的真菌，一旦欧洲国家的和平降临，这个贸易将不复存在"。这个贸易仅仅是"掩饰敌人财产的运输贸易"；此外，他并不赞同为了几个港口的船运业商人的利益，把一个巨大的农业国推向战争。很多人赞同他的观点，因为这是杰斐逊政治学派的基本原则之一，即在商业和农业之间有着天然的对立。

但是，合众国政府在这次紧急事件中并不仅限于依靠采取法律行动。总统在提出禁止进口不列颠货物的法令之后，紧接着于1806年春派威廉·平克尼出使英格兰，与驻地大使门罗一道试图进行谈判。这两位代表不久后写道，有充分的理由期望签订一个条约，因此《不进口法》要中止一段时间。12月传来消息，条约达成，没过多久总统就收到了条约文本。在谈判过程中，最大的困难一直是强征入伍问题。不列颠政府声称，在任何地方逮捕其逃兵的权力不属于其他国家的司法管辖权范围；此外，不列颠坚持认为，司法管辖权不能超出海岸的限制扩展到公海，那里是所有国家的交通大道。然而，这里存在着明显的倾向，可能会达成某种妥协。

英国代表提议，他们的政府将采取惩罚措施，禁止在任何地方逮捕美国公民，而合众国一方应禁止向不列颠臣民授予公民护照，以防逃兵利用。但是，这等于事实上承认英国有权登船搜查美国船只，并否认合众国可以给予外国人公民权，美国代表不可能接受这个提议。然而他们认为，如果不列颠放弃搜查美国船只的假设权力，那么他们愿意代表美国政府，同意帮助逮捕和遣返在合众国寻求庇护的不列颠逃兵。但是，不列颠代表不可能答应这一提议。

国务卿下达给门罗和平克尼的指令是，放弃强征入伍是签订条约的首要条件。然而，达成的条约并没有这一条款。但是，在条约送给总统时，两位大使解释道：

> "尽管不列颠政府不愿意通过条约正式放弃有权搜查我们的商船，以寻找不列颠海员，然而这一做法实质上即使不是完全放弃的话，也将会被放弃。这一观点已经得到了不列颠代表的确认，在关于这个议题的频频会晤中他们一再向我们保证，根据他们的判断我们已经得到确保，就像我们通过条约得到确保一样，对于这个微妙而重要的问题，他们的政府过去采纳的政策所主张的权力不再施行。"

这些保证不能让总统感到满意。尽管收到条约时参议院正在开会，尽管此前参议院一直被告知条约已经达成，但是总统没有征询参议院意见就表示了反对。其他几个条文也是无法接受的。但是，正如麦迪逊先生在写给一位朋友的信中所说，"强征入伍的问题一直被特别地视为正式议题，一直是这个特殊使命的主要目的，在这个议题上保持沉默条约就不能达成。"因此，两位使节被要求重启谈判。对此，他们忠心耿耿地努力了一年，但是最终被不列颠代表告知，条约已经达成协议并签字认可，事后却被缔约一方部分地加以反对，不可能再次考虑谈判。美国政府的反对者们把这个行动归结为主要是杰斐逊先生的过错。这个国家不允许忘记，甚至是可能会忘记，数以千计的海员被从美国船只上带走，并且其中一半以上的人是土生土长的合众国公民。并不是反对者们希望战争，而是他们相信，没有海军将会导致毁灭，因此所能期望的只能是某种合理妥协。但是，政府的想法会是什么呢？这个政府不想兵戈相向，因为没有做好准备；它不愿去准备，而是希望在将来的某个时间点，变化了的局势将会赶走那个最后手段；此外，在此期间合众国政府将无条件接受至少能缓和对合众国的航海人员造成伤害的条款，以及可能会减轻列强对合众国施加傲慢无礼行为的条约，这些列强合众国不足以强大到可以反抗。

　　随着英格兰对于海员需求增加，她的巡航船只的船长们在缔约谈判失败的鼓舞下变得更加肆无忌惮地搜查美国船只，以及带走尽可能多的逃兵——他们相信是，或者假装相信是。1807 年夏，英国人对切萨匹克驱逐舰犯下了一次暴行，好像是要强调某种蔑视，而对于这种蔑视，一个国家必须看着它只能像妇女面对侮辱时一样只有尖叫，没有反抗的勇气和力量，或没有解决的智慧。切萨匹克舰被不列颠的"美洲豹"军舰跟踪着驶出了诺福克港，驶入大海几英里后，切萨匹克舰被截住，借口是英国船长希望送一些急件到船上运往欧洲，接着英国人提出了一个要求，怀疑美国驱逐舰上有某些逃兵。巴伦准将回答说，他知道他的船上根本没有英格兰逃兵，他不允许进行任何搜查，即使有也是如此。经过一番争吵之后，英国人舷炮齐射，切萨匹克舰多名海员受伤或被杀死。巴伦准将毫无办法，唯有投降，因为他只有一门炮可以使用，它只发射了一次，然后就是从厨师的厨房发射出一块煤。随后这艘船只遭到了登船检查，船员被召集起来，4个人被当做逃兵带走。他们中有3个人是黑人，2个人是在合众国出生的黑人，另外1个是南美黑人，第4个人可能是英国人。他们都是停在诺福克港的英国军舰的逃兵；但是，3个黑人声称他们遭到了绑架，毋庸置疑他们有逃跑的权利。事实上，英格兰人显然事后采纳了这个观点，因为"美洲豹"号抵达哈利法克斯港时，这些人被释放。但是，第4个人被绞死。

对于这次直接的国家性的侮辱，合众国要求做出解释、道歉和赔偿。与此同时，总统发表声明，禁止所有的不列颠军舰停留在美国水域。后者的用处有多大，我们可以从麦迪逊给门罗的一封信中略知一二。他写道："他们继续否认这个禁令，他们不仅继续停留在我们的水域里，还追逐抵达和驶离的商船。"应付战争的一些准备也陆续做出，但仅仅是要求民兵做好准备，以及命令杰斐逊先生的炮舰抵达最容易受到攻击的海港。大不列颠并不担忧。事实上，美洲豹号舰的船长离开了他的指挥岗位，因为他的所作所为已经超出了他的职责范围；但是，英国一方同样发表一个声明，要求所有军舰逮捕外国商船上的不列颠海员，要求他们离开外国军舰，此外，如果这个要求受到拒绝，就将事情报告给舰队司令。关于切萨匹克舰事件，经过了 4 年烦人的争吵才达成了某种解决方案。

新的危险始终困扰着美国商业。1806 年 11 月，拿破仑的《柏林赦令》公布，禁止法兰西从大不列颠和她的殖民地进口产品，而不管是她自己还是其他国家的船只运送。如果它意味着美国船只也处在禁止之列，那么这违反了法兰西和合众国之间的协定；但是有一阵子存在着某种希望，它们或许被排除在外。然而，在这一年的某个时候，巴黎正式宣布该条约不能用来削弱针对大不列颠的战争措施。根据这一规定，已经羁押的货物被没收，合众国的贸易面临着新的灾难。《柏林赦令》宣称，赦令是对 6 个月前的不列颠枢密院令的合理报复，该命令对一部分法国海岸线采取了局部的禁运。做绑架生意，法兰西显然没法和英格兰竞争，因为她的居民很少被发现在美国的船上；而抓住一名扬基船员谎称他是法国人，这是从未想象过的荒谬行为。但是，数以百计的美国船员由于违反了《柏林赦令》遭到逮捕，被投进法国监狱。因此，鉴于合众国有充足的理由在所有侵犯问题上对两个列强都要抱怨，合众国在二者之间做出选择的余地非常有限。杰斐逊先生尽管有可能愿意和法兰西结成同盟，但是他对战争的厌恶足以将他从同英格兰开战的想法拉回，他更不愿意同法兰西开战而和英格兰结为盟友，他仍然将后者视为合众国的天然敌人；尽管沧海桑田，事来事往，他对法兰西仍然怀有旧情。1807 年秋，他召开了一次国会特别会议，讨论大不列颠的不断增加的进攻，尤其是对于切萨匹克号的攻击，以及英法禁止同任何交战的国家做中立贸易所造成的损失。但是，他没有提出任何抵制甚至是防御方面的建议，只是给炮艇做了一些补充，以及岸上的海员被征召为炮艇民兵。然而，召开这次临时会议的很有可能的真实目的，大约在两周之后显现出来，当时他给参议院提交了一个特别咨文，建议实行禁运。

一项法令几乎立刻获得通过，如果说完全摧毁美国商业还需要做什么事情的话，这个法令就弥补了这个缺陷。一个月前英国内阁颁布了一个新的、拟议中的枢密院令，消息抵达杰斐逊时，他正要给国会提交他的咨文。枢密院令宣布封锁整个欧洲的很大一部分，并禁止中立国船只的所有贸易，除非他们先进入某个不列颠港口，支付他们货物的关税。在杰斐逊总统发出禁运咨文的24小时之内，拿破仑从米兰公布了一个新的赦令，宣称与大不列颠有任何联系的任何船只——即可能会支付英国贡金，运送它的货物，以及被迫驶入或驶离它的任何港口的任何船只——都是合法的战利品。如今这两个列强为了把每一艘贸易船只排除在所有欧洲港口之外，所有能采取的措施都采取了。正是在这个合适的时刻，杰斐逊先生给他们提供了帮助，强迫所有的美国船只停留在国内。在我们这个时代，很难相信总统会建议或者政党会接受、人民会遵守这样一个措施。但是，杰斐逊先生的追随者们非常顺从；此外，在他们中间毫无疑问存在着普遍的共识，认为与合众国的贸易对交战国非常重要，为了重开贸易，这些可憎的赦令和枢密院令将很快被废除。但是，除了英格兰的某些制造商，禁令并没有产生多少明显的影响。美国驻法大使阿姆斯特朗将军写道："这里并没有感觉它的影响；而在英格兰，它被淹没在当前更新的、更有趣的事件之中，完全被遗忘了。"然而，禁令禁止任何美国船只出海，甚至是捕鱼，以及禁止他们自己的船只或者其他任何国家的船只出口合众国的任何产品。当国内的这些影响变得明显，这激起了普遍的呼吁，要求抛弃这个毁灭性的政策。当它实施了4个月时，马萨诸塞州的约西亚·昆西在一次国会的辩论中宣称："现在正在做的实验，以前从未出现过——我不愿说尝试过——它从未进入过人类的想象之中。在历史的叙述里或者在虚构的故事中，从未发生过类似的事情。一个伟大国家的所有习惯此刻都遭到了抵制，他们的所有财富都在贬值，他们的所有外部联系都遭到了侵犯，500万人民受到了牵连。他们不能走出禁区，一个曾经是自由区域的禁区；他们现在甚至不被允许从铁格栅中挤出缝隙，运出他们自己的财富。"当国内的美国船只继续停留在港口之时，那些挣脱禁运仍然停留在海外的美国船只遇到了新的危险。他们中的一些船只停留在法国港口里，等待事情出现转机；其他一些船只顶着风险在英格兰港口装上英国物资，打算在法兰西登陆，想通过虚假证件，借口它们直接来自于合众国或其他中立国家。这种骗局过于明显，无法长时间逃脱检查。此外，拿破仑随即于1808年春发布《巴约那赦令》，授权逮捕和没收所有美国船只。他说，它们要么属于英格兰人，要么属于美国人。如果属于前者，那么它们就是敌人的船只，逮捕理所当然；但是，如果属于后者，那么它们就应该待在国内，而他只是执行了合众国的禁运法令，对此合众国应感谢他。

杰斐逊政府最初几年以繁荣与安宁著称，这些特点在它的最后一年消失殆尽。国会在它的春季和冬季会议上很少讨论别的事，唯有灾难性的禁运。国会建议，一方面通过一项实施法案使禁令变得更严厉；另一方面，为了替代同英格兰与法兰西《不交往法》，准备恢复与世界其他国家的贸易，同时将赦令和枢密院令的问题留给未来去考虑。总统不再称心如意地掌控着他的政党。禁运政策的有害结果非常明显，足以让足够数量的共和党人确信要废除它。1809 年 2 月禁令措施被取消，它对英法之外的所有国家都在次月生效，此外，打算在接下来的国会的休会期里考虑英法禁令问题。但是，禁止从这两个国家进口的禁令一直继续着，直到这些可憎的枢密院令和赦令被取消。

第十八章

麦迪逊总统

杰斐逊先生任命了他自己的继承者。在麦迪逊、门罗和乔治·克林顿3个民主党的候选人中，他现在倾向于麦迪逊，并敦促门罗作为随后的继承人耐心等待。在这两个人之后，他或许觉得再做指定并不合适；此外，克林顿并不是弗吉尼亚人。麦迪逊在自己党内的微弱反对声音，来自于一些人担心他的定位和杰斐逊的政策过于重合，无法解开这个国家对外关系方面已经纠缠上的死结。然而在175张选举人票中，他获得了122张；但是，这比4年前投给杰斐逊的票数少了39张。新英格兰只有佛蒙特州投票给他，佛州刚好和罗德岛调换了位置，后者再次调整阵线和联邦党人站在一起。

在1808年底到1809年初的这个冬天，麦迪逊已经当选但尚未就职，他与不列颠驻华盛顿大使厄斯金秘密举行会谈讨论时局形势。从这些会谈中可以得到很多希望，但是最终结果却是，它们帮助产生的结果与希望恰恰相反。如果麦迪逊可以按照他自己的方式行事，他很可能更乐意于国会在它的这次会议上从不讨论禁运和《不交往法》的问题；因为争论的语调和立法的倾向很自然地会导致英国内阁怀疑厄斯金做出的保证，而这些立法活动并不真实代表新总统的友好安排。然而，为了回应美国国会的讨论，4月份英国外交大臣坎宁提出某些建议，正如厄斯金所表述以及美国政府所收到的那样，这些建议承诺要解决两个政府之间的所有分歧。厄斯金非常年轻，渴望做出一番成就；但是，为一个美好事业服务所具有的值得赞赏的雄心，使得他过于热情。他超越了给他的指令信件的要求，尽管他自认为遵守了它们的精神实质。很可能他误解了它们的精神，认为他的政府更在意于确保解决现存的困难，而不是注重达成指令的精确词语和细节表述。无论怎样，他同意只要《柏林敕令》和《米兰敕令》仍在执行，合众国继续维持《不交往法》反对法兰西，那么大不列颠将撤销它的枢密院令。这得到了保证，他没有坚持要求其他两个条件——部分原因在于，他被告知那样做需国会采取某种行动；部分是因为他相信获得了实质上的保证，即合众国一方同意只要法兰西的敕令不取消，就实行《不交往法》抵制它。另外的这两个条件是：第一，合众国不再认为有权在战争期间从事交战国的殖民地贸易，这种贸易在和平时期并不向中立国开放；第二，承认当美国商船违反了抵制法兰西的《不交往法》时，不列颠军舰可以合法逮捕它们。他同时提出了一个解决切萨匹克号问题的方案，但是遗漏了坎宁指令他所说的，为了那艘船上死难船员的妻子和孩子可以达成某种协议，这视为一种宽大的行为而不是权利。但是当美国政府接受这个解决方案时,国务卿罗伯特·史密斯对大不列颠在该事件中的行为提出了指责,对此厄斯金没有表示愤慨。而当坎宁听到这些指责时,认为应该表示愤慨,并要求取消它们或者中止谈判。

然而,具体条文就像厄斯金选择表述的那样,协议达成,接着总统发表了一个声明,在6月10日之后取消反对不列颠及其殖民地的禁运和《不交往法》。那一天在合众国的所有主要港口,超过1000艘船只装满货物,收起锚绳,焦急地等待着启程信号,它们的两翼张开,就像一群被关押多时的鸟儿准备飞向大海。全国上下几乎是一片欢呼之声,感谢新总统在他这届政府的头3个月,在海外排除了战争的恐惧,在国内扫清了并非自愿的失业、匮乏,以及不祥的牢骚。麦迪逊在他漫长的公职生涯中对公众的支持深有体会,但是此前他从未体验过这种狂喜,骑在民众欢呼的巨浪之巅享受支持。然而这种巨浪会突然坍塌,令人惊奇地消失于无形。坎宁否决了厄斯金所达成的一切协议,立刻把他召回。根据总统的声明得到许可已经扬帆出海的船只,英国枢密院发布命令,允许它们完成此次航行不受干扰;但是除此之外,所有的商业再次变成死水一潭。比忍受某种新的不幸要困难得多的事情,是被迫再次为已经熟悉得不能再熟悉的灾难作斗争,并且所有的希望都被永远地抛在了脑后。麦迪逊和留任财政部长、总统的首席顾问加拉丁被指责为愚蠢和不牢靠。有人公开说,他们让这个年轻的大使达成了一项他们明知道英国政府不可能批准的协议。但是,他们不可能愚蠢到要达成这样一个交易,它的确定性只够确保一艘船只往返大西洋一趟。没有谁比麦迪逊更清楚，与英格兰达成和解对于大部分民众的意义将会有多大；也没有谁比他更失望于达成协议比达不成协议更加糟糕，因为它们的失败导致了新的窘境。

8月初，他在给杰斐逊的一封信中痛心地说道："您将会看见坎宁所公开的给厄斯金的指令，前者认定不应该进行任何调整，而后者认为应该有。"他对坎宁是不公平的；真正的错误是在厄斯金身上，对他来说仅仅是因为他的热情超越了他的判断。在给杰斐逊的另一封信中麦迪逊总统说道："厄斯金处境窘迫，难以面对他的政府。我怀疑他不能成功地为他自己进行辩护，反驳指控他超出了他的指令，尽管他向各式各样的人发出的呼吁没有公开。但是，他将会做出一个强有力的诉状反驳坎宁，并能有效证明被坎宁抛弃的条款荒谬无比，显然不能采纳。"厄斯金先生可能认为，他的政府会同意他没有过于认真地落实这些指令要点，因为美国方面非常克制，没有坚持要求放弃强行征召美国船只上的海员。但是，麦迪逊先生的愤慨一定掩饰了极大的羞辱。他很难没有这种感觉，他被自己的爆竹给炸飞了。仅仅2年前杰斐逊先生在他的支持下反对《门罗－平克尼条约》，因为指令没有得到逐字逐句的遵守。坎宁先生同样延续了这一做法，如果让他在这两个案例的情势下做选择，他会有更充足的理由进行辩解；当这个协议被扔回到麦迪逊先生脸上时，用不着提醒他也不会记不住，他一直打算接受这个对美国海员权利没有进行任何保护的条约，而缺乏这种保护曾是反对《门罗－平克尼条约》的表面理由。

然而，美国政府现在被迫再次处理旧有的难题，即厄斯金协议未能解决的难题。总统的首要职责是发表第二个声明,收回此前将所有停泊在港口里的美国船只送出大海的声明。如果它们愿意的话,它们全部得驶回港口再次固定在码头上,直到周期性的海浪最终轻轻荡漾着,让海水从它们张开着的裂缝中涌进又涌出,以及它们的帆桁和桅杆成片掉落在腐烂的甲板上。但是许多船只一直没有回来,它们宁愿冒沉没或毁于大海的风险——发生这种情况的船只并不是少数,或者冒蔑视交战国法律、被交战国逮捕和没收的风险。厄斯金之后的新大使是从英格兰来的杰克逊先生。然而,他的使命除了扩大了两国之间的裂缝,并没有产生别的结果。在这位大使和国务卿史密斯先生之间,或者更多的是和麦迪逊先生之间,几乎立刻发生了冲突。正如史密斯后来所抱怨的,麦迪逊越俎代庖做了史密斯的大部分工作。这次冲突涉及厄斯金的安排。杰克逊暗示或者被理解为暗示,麦迪逊政府一定知道授权给厄斯金同合众国政府谈判的准确条文;当暗示受到否定,麦迪逊政府一方多次强调此事纯属子虚乌有,这个时候还一再提出含蓄的批评几乎就是直接的指控。毫无疑问,这类通信往来只能产生一个结果,同杰克逊进行进一步沟通的要求被婉言拒绝,他被要求召回。

在杰斐逊政府的最后几个月里,有一件事变得非常明显,对他自己以及其他任何人都是如此,禁运不仅在海外无法同交战国达成协议,它还在国内极大地增加了苦恼。16 年之后,麦迪逊自己在蒙彼利埃安享晚年时撰写的一封回忆信中承认,这是一个失败的政策。他在信中说道,在开战并不明智的时刻,它意味着作为一种试验性的措施,比赤裸裸地顺从或开战更可取。他补充说,它失败了,"因为政府没有足够怀疑某个区域的人成功违反了法律,这导致了普遍不满,要求废除它。"这等于说政府过于自信地依赖于新英格兰的顺从,政府轻易地相信她的商人们一旦有机会避开海关官员,不会不让他们的船只偷偷滑向大海,也不会不在某个没有海关、人迹罕至的地方,悄悄滑向陆地卸下货物。他说:"马布里赫德的爱国渔夫们在某个时间提供了他们支持禁运的服务。"他很遗憾,这些爱国渔夫们没有被派出去当做私掠船,捕获那些走私船作为战利品,然后"把它们押回港口,让它们在那里受到法官的法律制裁"。显然,他的脑子并没有合理地进行怀疑,这样的法庭在新英格兰海岸线上的任何一个港口是否都能找到。更让人怀疑的是——即使设想有着大量的、如他所说存在于马布里赫德的这种爱国主义行为——假如政府授权私人可以猎食他们的邻居,那么禁运法令在长岛以东的所有地区受到尊重的时间将会持续多久。但是,这只是1826年的事后想法。麦迪逊在1809—1810年的政策基调是和解,而不是激怒"位于某个区域的那些人"。他甚至在他自己的党内都无法做到整齐划一。国会经过一个冬天的努力也没有找到某个共同的立场,不仅仅民主党和联邦党两大阵营没找到,就连民主党自己的共同立场都没找到。各种各样的措施被提了出来,以应付这个国家的危急形势。一些措施过于激进,一些措施不足够激进,没有任何一个措施可以被普遍接受,以致无法形成联合阵线防止它们失败。所有人都同意必须废除《非进口法》,但是困难在于找不到合适的废除方式,可以让这个国家能同时维持它的尊严、维护它的权利,并避免一场战争。总统可能更倾向于将所有的英国和法国船只排除在美国港口之外，从这两个国家的进口将被禁止，除非是用美国船只运输。一个为了实现这种结果的法案被提了出来，它只是国会举行会议的过程中受挫的多个法案之一。但是（1810年）5月最终通过了一项法令，只排除了英法两国的军舰，不过规定在国会休会后停止施行《非进口法》3个月。当3个月期满，总统将获得授权宣布这个法令继续施行，既针对大不列颠，也反对法兰西，前提是这两个国家的商业命令或敕令继续执行，而其他法令被废止。

如果执政党的目标一直是设计一个计划，确保所产生的新麻烦比它以前发生过的都更加难以处理，那么没有哪个问题比这个问题更适合。迄今为止，面对着这种形势之下的所有困惑和焦虑，麦迪逊政府至少把合众国与其他列强的关系控制在自己的手里，不管明智与否，都是按照它自己的方式指导着它们。对合众国商业的侵犯，它可以表示愤慨或顺从，似乎这就是最审慎的做法；它可以关闭或开放港口，似乎这就是最明智的措施；或者它可以与它的两个敌人中间的一个结成同盟，前提是只要它的盟友承诺一方面保证尊重，另一方面保证要废除。但是现在它把自己同一个附加条件的绳结捆在了一起。如果英格兰要做什么别的事，或者如果法兰西要做什么别的事，它就得亦步亦趋紧跟着做。如果这个建议被英格兰接受没有被法兰西接受，那么合众国将和英格兰保持友好关系，相较之下得对法兰西采取一种不友好的态度；如果法兰西接受这个条件而英格兰否认它，那么这个形势就会倒转过来。在这两种情形中的任何一种局面下，合众国都有可能一无所获，都不可能通过直接的谈判达成协议，并且毫无疑问不可能获得更好的条款。但是，如果现在提出的建议两个列强都不理会，那形势将比以前更加糟糕。显然，这就是麦迪逊对这个问题的看法。在这个法案通过一个月之后，他给圣詹姆斯法院的执行官平克尼写信说："在国会接下来的会议上，根据当前表现出来的形势，将会看到并没有调整同两个交战国的关系，取而代之的将是两个列强日益顽固；禁运和《不交往法》带来的不便被转换成更大的牺牲，以及同样的耻辱，这源于被迫服从一个掠夺性的制度。"他并不想发生战争；他的消极抵制的信念仍未动摇；他对禁运和《不交往法》仍怀有信心，如果坚持的时间足够长，一定会把交战国带到谈判桌旁达成协议。但是对于这个法案，他像放在天平上一样仔细权衡着种种可能性的轻重。在英格兰，随着棉花和烟草的价格的变动——"佐治亚的棉花下降10或者11美分；大量的烟草也是这种状况"——可能会造成某种印象。然而，他对此并没有"非常令人欣喜的期待"。但是对于法国，他显然并不是不抱希望，认为法国将会足够明智地看到："她应该立刻欣然接受美国国会做出的安排，美国重新执行同大不列颠的《不交往法》，这是最类似于法国所宣称的观点的抵制形式。"但是，他很清楚，情况并不乐观。

然而，如果那就是他的愿望，这个愿望得到了满足。拿破仑真的利用了这个法案；但是他采取的方式，颠倒了两个国家的相对位置，法兰西从合众国手中抓走了制定条文的权力或意志。8月份法国大使查姆帕尼仅仅是在一封信中宣称，《柏林赦令》和《米兰赦令》从接下来的11月1日起废止；一天或两天之后，新规定将施行于美国贸易，即实施高关税和一项航海法，这对于残存的美国海外贸易将是毁灭性的打击。此外，这些赦令的废止有着相应条件，大不列颠不仅应收回她的枢密院令，而且应终止她的"封锁新原则"，或者合众国应该"争取使他们获得英国人尊重的权利"。拿破仑的建议一箭三雕，而且他全都如愿以偿：首先，如果麦迪逊总统愿意接受有条件地撤销这些赦令，将确保法兰西反对合众国重新实施《不交往法》；其次，使得那些赦令事实上并未废止，因为它们的召回取决于英格兰的行动，他非常清楚，英格兰不会听命于提议的条件；最后，使得合众国和英格兰卷入新的争论，这将有可能导致战争。结果证明，所有这些事情的发展演进正如拿破仑所愿。麦迪逊总统接受了法国赦令的有条件撤销，因为这与国会的法案吻合；英格兰完全拒绝接受有条件的撤销视为撤销；最终的结果是，英格兰和合众国之间爆发了战争。

总统的默许对于拿破仑的决议意义重大，因为国务卿史密斯先生曾对法国政府保证——当时5月份的法案副本刚送给它——保证在这个法案之下不会举行谈判，直到另一件事情解决。1810年3月，（拿破仑）在朗布依埃发布赦令，并于5月份实施，要求没收当时被扣留在法国、西班牙、荷兰，以及法国控制之下的那不勒斯港口里的所有美国船只。美国商人的损失，包括船只和货物在内，估计大约值4000万美元。这个赦令很明显是报复一年之前美国国会通过的《不交往法》，因而是一个溯及性的法令。此外，《不交往法》在这些船只被拘捕之前，按照它本身的月数时期限制已经中止；但是尽管如此，所有这些船只仍然被没收，而其中一部分船只进入这些港口仅仅是为了避险。根据总统的命令，史密斯给在驻巴黎的美国大使阿姆斯特朗写信说："关于归还最近被《朗布依埃法令》突然袭击和扣押财产的让人满意的条款，或者是法国政府提出请求，必须与法国赦令的废除、对大不列颠《不交往法》的审查结合在一起；为证明法兰西对合众国行为意图的公正合理，这样的条款必不可少。"这个指令在几周后再次发出；但是，当8月份拿破仑皇帝对于这些赦令的决定发出宣告，"必不可少"的条款实际上是可少的，此外几个月之后法国完全拒绝就《朗布依埃赦令》规定下的掠夺做出任何补偿，这个拒绝被美国悄无声息地遵守着。

与此同时，11月总统发表了一个声明，宣布法兰西已经遵守了此前5月份的法令，并撤销了那些赦令，而英国枢密院令仍然没有取消。但是根据5月法令，英格兰仍有3个月的时间，以做出她的选择，是撤销她的枢密院令，还是让美国重新实施《不交往法》反对她。所看到的结果是，法国大使直到8月份才宣布接受5月法令，当时赦令的取消并未生效，直到11月份才生效。11月份，总统的声明与赦令的取消一同提出，当时的情况立刻变得显而易见，仍然是在等待观望，"等着吃蛋糕"。这些赦令至少仍然实施了3个月之久，直到它搞清楚大不列颠是否会遵守法兰西——不是合众国——提出的取消枢密院令的那些条款；如果大不列颠不遵守，那么法国的赦令就不会取消。当然，总统声明的合法性存有疑问。正如约西亚·昆西在众议院的辩论中所说，在接下来的2月份（1811年），"进入法国海关管辖范围之内的所有船只继续遭到逮捕，这从11月1日一直持续到我们最近的一次统计日期。"其他议员虽然没有更加激烈,但也没有温和半分,表达着他们的愤慨。其中一位议员说道,这种事在私人的行为事务里,将会被称为诈骗;而另外一位宣称,麦迪逊总统把人民送入了"恶棍的怀抱,对于这个恶棍的背信弃义,撒旦都会脸红,地狱都会震惊"。法兰西对于所有这一切心知肚明,同时对于英格兰将要做出的决定了然于胸。英国做好了准备,当法国的赦令取消,她就废止那些枢密院令。但是,她并不把法国部长查姆帕尼给美国大使写的简简单单的一封信件视为撤销了赦令。法国的第二个条件,英格兰应该抛弃她的"封锁新原则"和代之以新的法国原则,遭到了英国内阁的断然拒绝。该建议提出了一个问题,这个问题实际上并不属于与这些赦令和枢密院令有关的协议——这个问题涉及什么是封锁,以及它应该适应于什么条件的问题。拿破仑的原则是,不仅纸面上的封锁不能被各国法律所允许,而且根本就没有权力封锁"没有设防的港口,以及河流的港口和河口。按照理性和文明国家的习惯,封锁只适应于坚固或设防的地方。"来自纽约州的众议院议员艾默特先生在一次辩论中说,如果英格兰和法兰西同意把这个原则作为可取的国际法,那么合众国要对这两个国家都表示特别感谢;因为按照这一说法,合众国没有设防的地方,她可能永远都不会遇到封锁的危险。但是非常明确的是,英格兰不会承认,甚至不会讨论这个问题,认为它与中止这些命令和赦令有关。

对于"这个有趣的问题",正如昆西所说,"它事关当前和未来,事关正在做和克制着要做的事,事关英国责任和美国责任的宣示和理解",现在又增加了麦迪逊自己设计的另一个内容。美国驻英、法大使收到指令，希望大不列颠在撤销她的枢密院令时，包括撤销1806年5月宣称的对法兰西部分海岸的封锁；总统主动对法国皇帝提出一个保证，认为这个原则应坚持下去。是否他的目的是想让拿破仑在回应5月法令时变得更加容易，而让大不列颠变得更加困难，这是一个无法回答的问题．但是，反对他正在实施的这个政策的人士谨慎地指出，5月法令无论对这个或其他任何封锁，都不置一词；当一年之前与厄斯金达成协议之时，总统并没有妄称这些枢密院令包括封锁令；值得注意是，他可能忘记了他自己关于几个月前法国《朗布依埃赦令》的丑陋掠夺行为的宣言，却仍然记得4年之前不列颠的封锁命令，对此，其他所有人都已经忘记了。实际上，这件事早被抛到九霄云外，以致美国驻伦敦大使平克尼先生被迫追问不列颠外交大臣，这个法令是否已经取消，或者仍然考虑要执行。它从来没有正式取消，这就是答案，尽管它一直被包括在接下来的1807年1月的枢密院令之中。然而，英格兰拒绝明确撤销1806年的这个封锁法令，因为这将被解释为承认拿破仑有权要求抛弃她的"封锁新原则"。但是事实上，正如不列颠驻华盛顿大使事后所承认的，1807年枢密院令的召回已经取消了1806年的封锁命令，后者已经吸纳了前者。

　　实际情况是，整个谈判是外交防护技巧的一次考验，而英格兰不会对合众国或法兰西做出一寸让步。麦迪逊和他的政党也不愿意帮助拿破仑；拿破仑希望击败他的两个对手，方法是调转他俩的剑对着彼此。一个完全不同的结果将会出现，前提是如果法兰西和英格兰一样明确地希望商业法令不应该和其他问题放在一起考虑；或者如果美国最高执政官一直坚持，它愿意接受两个列强无条件的废除——纯粹、单独、不包括其他条件的废除，同意将此视为撤销1810年5月法令的条件。但是与此相反，当1811年3月国会举行会议，它通过了一项法令，对英重启《不交往法》，这同拿破仑的要求刚好一致，即合众国应该"争取他们被英国尊重的权利"。所有这一切，意味着战争不可避免。

第十九章

与英格兰开战

1811年5月发生了一起事件,这类事件是有意发生的,经常作为公众情绪处于愤怒和近乎危险状况时的缓解措施。这是一次海战,一方是装有44门火炮的美国总统号护航舰,一方是装有18门火炮的英国小贝尔特号单桅战舰。小贝尔特号属于不列颠分遣舰队,被派往美国海岸切断合众国同法兰西的贸易;总统号是合众国政府用来保护其商业的有限几艘船只中的一艘。这两艘军舰在桑迪虎克以南几英里处相遇,随后掉转船头相互追逐,在没有任何合理借口的情况下开了第一枪相互射击,双方都指责对方最先开枪。在这场仅仅持续了几分钟的冲突中,英国军舰超过30人死伤,而总统号上只有一人受轻伤。正如麦迪逊先生所说,这并不是一次"不可能重复发生的事件",这类事件"很可能最后以两国公开破裂或更好地相互了解作为终结,因为不列颠政府的研判可能是迅速开战,或阻止战争"。阻止战争的可能性显然更大。尽管在当时大多数民主党人处于愤怒的情绪下，英格兰走向战争比改变这个进程要容易很多。但是，麦迪逊先生保持着他固有的镇静。考虑到他一贯亲法，一直不喜欢英格兰，他能在两者之间保持不偏不倚非常不容易。但是，他的目标仍然是保持和平，当然他一点也没有减少自己对这两个列强有根有据的抱怨。当新一届国会在秋天举行会议，他小心翼翼地在他的咨文里指出法兰西犯下的罪行，以及英格兰的侵犯。他坚持认为，尽管英格兰可能已经承认《柏林赦令》和《米兰赦令》被取消，并采取相应行动；但是法兰西没有表示出任何迹象，要修复她对美国商人所犯下的恶行，此外，最近还对美国商业施加了"严厉的、想象不到的限制"。如果这些限制不立即停止，那么必须采取的应对措施就是"相应地限制从法兰西的进口"。

在接下来的几个月中，这种语调甚至多次出现在他的书信中。似乎是法兰西而不是英格兰被看做主要的侵犯者，认为同法兰西爆发武装冲突的危险更大。国会举行会议之后的两星期，他给派往法兰西的新大使巴罗写信说，尽管有正当理由认为法国的赦令迄今为止已经取消，以致不列颠取消枢密院谕令的可能性让人期待，"然而法国政府处理取消赦令和逃避纠正其他侵犯行为的方式，混合着尽可能调和取消赦令和大量的恼怒与反感的倾向。"他补充说："事实上，如果不系统性地改变玩阴谋诡计和贪得无厌这种现象，转变为采取公开、男人气概和诚实的方式同国家打交道——国家的榜样要求这样做——那么就不可能存在良好的愿望；此外，法国针对她的敌人的政策存在着邪恶想法，由于她的愚蠢和不公正，也不会消除掉对于法国自己的反对声浪。"法国在波罗的海对于美国商业的掠夺行为"正在点燃起新的火焰";如果掠夺行为不停止,"随时可能会和某个国家发生敌对冲突,就像和另一个国家一样"。假如不是"担心同那里超级强大的不列颠舰队发生冲突的危险",合众国将不会有任何犹豫派遣美国护卫舰到达波罗的海,"带着的命令就是武力抵制法国和丹麦的掠夺"。

然而,此时国会处在以克莱和卡尔霍恩为首的活力四射的年轻议员带领下,他们对控制权和荣誉充满着渴望,正开始大声疾呼要同英格兰开战。对于这个行动,麦迪逊究竟有多么重视?持有多少信心?对于这两个问题,他在2月7日写给杰斐逊的信中做出了回答。如果他不对这个行动明确表现出乐观其成的态度,那么他有可能就会遭到蔑视。他说道:"为了让美国政府能立刻踏上加拿大,他们提议拖延两个月,在12个州征兵建立一支常规武装力量,并在3个月后建立一支志愿军队伍,他们提出的条件根本不可能征集到兵员去实现那个目标。他们之所以打算这么做,混杂着好与坏、公开与伪装的动机,足够让人好奇,但这封信的篇幅有限,难以详细解释。"这并不是一种既充满希望又满怀恐惧的口吻。如果说此时战争二字进入了他的脑海,那么这并不是一场针对英格兰的战争。3个星期之后,他给巴黎的巴罗写信。对于巴罗大使和法国政府之间谈判的各种条文,他评论得最多的是谈判"引起了怀疑而不是期待"。他抱怨法国延迟、模糊、忽视、践踏和无视过去的责任,比如不释放被没收的美国船只和货物,以及不释放在波罗的海遭到逮捕并被宣判有罪的美国船只。鉴于他所说的所有这些恶行和其他不满，他说道："我们发现几乎没有进行明确的处理或实质的赔偿，这与毫无意义、一文不值的赞美和鼓励夹杂在一起，因此怀疑是不可避免的；此外，如果这些做法是错误的，那么这种错误并没有蒙骗住对它抱有信心的那些人。"他判定法兰西正在寻求一个新的条约，他认为这个条约毫无必要，只是为了赢得时间以便在未来发生事情时可以利用。两国之间的商业关系势如水火，互不兼容，"如果不发生根本性的变化，两国贸易将会被禁止"。他宣称，除非对《朗布依埃赦令》的巨大错误以及其他掠夺行为进行赔偿，那么"这里既不可能有热诚，也不可能有信心；也不会进行任何克制进行自我纠正，采取任何合理的方式影响它。"这封信的结尾语气强硬，认为如果正在迅速寻找的处理方式"没有展示出法国政府的行为比以前设想得好，那么这个国家有且只有一种情绪，我无需说它将会是什么情绪。"

　　此时，整个国会正处于驱使它自己反对英格兰的暴怒状态。可以说众议院民主党雄心勃勃的领导人正"渴望着打一架"，他们选择把英格兰叫出去，而不是同法兰西交手。这并不是因为对法兰西感到愤慨的理由比对英格兰少。事实上，一些头脑过于发热的人士非常渴望同时对两个国家开战；但是，还有着更加冲动的人，比如亨利·克莱，他嘲笑别人怀疑他不能用几个团的肯塔基民兵就能横扫加拿大。但是国会最终决定对英开战，部分是因为对于英格兰的传统敌意无法容忍——对于法兰西的传统感情只很少考虑到；此外，部分是源于本能的商业利益妒忌，从种植园主利益的角度看，倾向于采取给北方带来最大损害的政策。1812年4月1日，刚好给巴罗写信过了5周,麦迪逊先生给国会递交了一份5行字的咨文,建议立即通过一项法案,"针对所有在港或此后抵港的船只实施一项为期60天的普遍禁运行动"。这意味着它是一个秘密措施。但是这个意图在两三个地方被泄露出去,并且,这条消息让北方仓促行动,几个联邦党议员及时让他们的一些选民在法案通过之前将他们的船只派出海。很可能这一点也不让任何人感到吃惊,因为整个冬天同英格兰开战一直是这个或那个问题的辩论焦点,每个人都非常清楚执政党的意图。禁运的目的是为了准备战争,这得到了坦率地承认。一项法案立刻获得通过,不过禁运期限从60天延长到90天。然而60天不到,总统的另一个咨文发出,建议宣布战争。6月3日克林顿担任主席的外交关系委员会提出报告,赞同"立即诉诸武力",第二天宣战法案通过。在众议院的79张赞成票中,南部和西部为48票,另外的31票来自北部州,仅宾夕法尼亚州就投了14票。在49张反对票中,34票来自北部州,包括宾州的2票。两周之后的17日,法案在参议院以6票的多数获得通过。

多年来麦迪逊先生一直反对同英格兰发生战争,认为不明智,也没有意义。不明智,是因为合众国的条件不足以同世界上最强大的海上强国开战;没有意义,是因为通过战争达到的结果可以通过把握更大、代价更小的和平方式实现。这一形势并没有改变。事实上,直到建议将禁运作为战争前导的咨文提出一个月前,麦迪逊的信件仍然显示,如果他觉得战争不可避免,那么它一定是同法兰西而不是同英格兰开战。但是,决定开战的党派为了实施这个政策,必须把政府控制在他们手上。他们的选择是,不局限为把麦迪逊当做唯一合适的候选人。民主党不管提名谁确信都会成功当选，此外，麦迪逊两个实力强劲的竞争对手——国务卿詹姆斯·门罗和纽约市市长德·维特·克林顿都渴望战争。选择取决于对待开战问题的态度，国会的政党核心小组在4月1日发表禁运咨文到6月1日发表战争咨文这段时间，选择麦迪逊作为提名候选人。当时美国政府的反对者们将其理解为并公开宣称，提名的代价是政策发生转变。一年之后国会接着开会，昆西先生在众议院说道："所有这些人的最大错误是，他们理性地思考着开战和入侵加拿大，并得出结论认为两者不可能被严肃地予以考虑。产生这个错误的原因在于，他们从来没有考虑到这些事件与当时悬而未决的总统大选之间的联系。他们从来没有充分考虑到，投入一场同大不列颠较量的战争变成了支持总统提名的附属条件之一。"这个宣言显然针对麦迪逊，它没有受到挑战获得通过，尽管指责这件事做了明显交易的任何指控都受到了强烈否认。

如果说麦迪逊先生的是非观念并不总是充满活力使他能够抵挡住诱惑，那么他却敏锐异常可以为了让步寻找任何借口。某种意义上这是他作为一个更好类型的政治人物的声誉，人们并不认为这个特点近似于虚伪，一种向美德致敬并获得负面回报的虚伪。也许正是这种情绪导致他欣然接受约翰·亨利的虚假揭发，并利用他所做的一切。这些都包括在24封信件里，为了这些信件总统显然没有任何犹豫支付了5万美元。3月9日他向国会发表咨文提交它们，并在同一天给杰斐逊写信，暗示这些信件是"一个发现，或者说更是证明不列颠内阁和东部小团体之间存在合作的正式证据"。在给国会的咨文中,他暗示这个秘密特使由不列颠政府直接派往马萨诸塞州,目的是煽动不满,密谋"通过这些不满,实现抵制联邦法律的目的,最后配合不列颠军队摧毁联邦",并将东部各州重新并入英格兰。在6月1日的战争咨文中,这些指控被一再提到当做诉诸武力的理由。卡尔霍恩的外交委员会顺着这个指示在报告中进行了完善,建议立即宣战。亨利事件被宣布为"一个性质极其恶劣的事件",比大不列颠此前对合众国所犯下的其他任何暴行都有过之而无不及,并"激起了最大的恐惧"。非常明显,之所以要抓住这次事件,是为了满足临时目的的需要,此外,当时就麦迪逊先生而言,这件事情被允许陷入遗忘之中。在他出版的几百页的信件中——这些信件写于他的晚年,回顾和解释了他公职生涯中的众多事件——对于亨利揭发事件根本没有进行任何暗示,而在1812年这起事件被认为同毁灭美国商业、强征数以千计的美国公民一道,是同等重要的对英开战的正当理由。事实上,不管这些揭发信件说了什么,根本就是子虚乌有,一文不值,然而为此却支付了相当于总统一半任期薪水的报酬,目的是确保麦迪逊先生的咨文和卡尔霍恩先生的报告里所做假设的真实性。正是根据亨利自己的建议,他于1809年初被加拿大总督派往马萨诸塞州,目的是了解那里的时局形势,同时观察公共舆论的变化。作为一个爱尔兰人,他的民族倾向是阴谋与革命,这导致他将新英格兰人对于禁运的牢骚看成是决心要摧毁联邦,使他们自己重新并入英格兰,回到殖民地时期的大肉锅里。为了了解新英格兰人在这些设想上走了多远,为了他自己和主要的密谋分子结成亲密的关系,以及为了将这些人和加拿大总督詹姆斯·克雷格爵士搭上关系,明白在合适的时间可以通过他获得来自于不列颠政府的足够帮助,这就是亨利的使命。在这个真实的爱尔兰阴谋中,亨利是恶棍,克雷格是傻瓜;但是很难说,三年之后当所有这些信件都交到麦迪逊和他的朋友手上时,他们真的被愚弄了。

亨利在波士顿逗留了3个月,住在一个小客栈里。他什么也没有发现,因为这里根本就没有什么可以发现的。他不认识任何人,任何一位有名望的人也都不认识他,他传递给克雷格的所有信息可能一直是——毫无疑问就是——从客栈酒吧的大众政治传言中搜集而来,或者收集自两党报纸的专栏。他谁也没有牵涉,因为正如国务卿门罗在给参议院的一份报告中所证实的,他没有提到任何一个或几个美国人的名字,提到这个美国人曾"以任何方式或形式,进入到或赞同(他自己和克雷格的)计划或观点";他所说的一切都毫无意义,也不重要。迄今为止,他的观点仅仅有可能使那些敏感于公共事务的观察家们产生某种兴趣。实际上,他本人的观点是东部州根本不存在阴谋集团;联邦党足够强大,可以同英格兰保持和平;以及这里没有任何解散联邦的讨论,也没有任何类似的讨论,除非这个话题被战争引入。信件本身显示,当时的利物浦勋爵的秘书罗伯特·皮尔所写的一封信说,亨利的这些信件被发现——当然是作为一起事件——置身于众多的加拿大官方文件中,因为它们同公共事务有关;但是,它们要么从来就没有引起任何关注,要么完全被遗忘了,并且利物浦勋爵完全不知道加拿大总督和他派往新英格兰的特使之间达成过什么"安排或协议"。这个冒险家仅仅只是因为他未能从不列颠政府，或者是加拿大克雷格的继任者身上得到任何奖励——他乐于效劳的正是这些奖励——他于是来到华盛顿，为他自己及其信件寻找市场。他来得正是时候。尽管国务卿公开宣称，无论书面还是口头的说辞，这个人都没有牵连到合众国的任何一个人；尽管其中的一封信件就是证据——得出其他结论纯粹是由于偶然因素——证明不列颠的国务大臣根本不知道亨利和克雷格之间阴谋策划的使命；但是麦迪逊先生仍然宣称，这些信件是"不列颠内阁和东部小团体之间合作的正式证据"。这是一个恶意指控，因为这个自以为是的证据根本不存在。然而，如果总统能够说服他自己认为这个故事是真实的，那么这将有助于他为自己改变政策进行辩护，改变政策的结果是得到让人垂涎三尺的再次被提名为总统候选人。

新英格兰并不是从来没出现过脱离联邦的讨论。这在过去的很多年里出现过，就像未来的很多年里仍将会出现一样。但是，讨论这个问题并不只属于那个特殊时期，也并不限于国家的那个特殊地区。自从接受《宪法》以来，国会大厅内外的北方和南方的演说家们都赞成一件事情，即在所有的辩论中都存在着一个对双方都有好处的争论，对于这个争论可能根本没有答案；赞成在所有的立法行动中，都可能存在一种超级运动，它有可能导致政府的所有轮子停止转动。严肃的警告或愤怒的威胁总是随时准备使用，即联邦的纽带在这个或那个意外事件中将会撕裂成碎片。但是狼来了的类似警告说得太多，大家都听麻木了，除非发生了某种暗示着真正危险的积极行动，就像杰斐逊-麦迪逊的"98年决议"那样。因此很容易警告公众,承认像亨利假装的那样有一个秘密特使,这个人对于雇佣他的政府而言变成了叛国者,对于派出他的人而言变成了谋反者;此外,合众国总统应该受到更多的指责,因为他利用了编造的这个故事,而没有偏见的调查可能已经证明这个故事本质上很愚蠢,是一个臭名昭著的错误。麦迪逊先生的聪明才智不应受到责难。他不仅聪慧睿智,而且心平气和,不可能会被亨利这样的冒险家所精心编造的谎言给蒙蔽。次年春天他给陆军上校戴维·汉弗莱写信,为了辩护他的商业限制政策,他说道:"我从未允许自己相信联邦处于危险之中,或者它的解体可能是值得期待的事,只有少数几个处境绝望和情绪失控的人——如果真有这种人的话——才会这么想。"他继续说道,新英格兰"在这样的事件中遭受的损失最大,因此不可能故意往火坑里跳"。他反问道:"在什么基础之上可以让新英格兰和老英格兰达成商业条约?"他声称,它们商业上的猜忌阻止了二者之间形成联盟,因为那就是"我们革命的真正根源"。他以一个意味深长的结论作为结束语:"如果这两个国家之间存在着共同的利益纽带,那么这些纽带将把南部州而不是北部州同欧洲的那个部分连接在一起。"然而,为什么他能认真严肃地接受亨利的虚假揭发,将其视为"正式的证据"——就像当时他给杰斐逊的信中所说的那样——证明在"东部团体和不列颠内阁之间存在合作"呢?这个东部团体意味着联邦党,或者至少是那个党有影响力和能干的领袖们;他不可能认为,也不会把他们说成是"少数几个处境绝望和情绪失控的人——如果真有这种人的话"。因此,尽管亨利的故事蓄意而为,但是他欣然接受，因为它有助于将这个国家卷入一场党派战争。

尽管冒着啰唆表述的风险，还是有必要进一步描述导致这场战争的那些事件的进程：因为这是麦迪逊先生事业的顶点，从他塑造和指导这些事件的进程中，我们可以更好地了解到他的处事方式，以及他在我们早期历史公众人物中的真实位置。有一年半时间，合众国的行动是基于这样一个判断：法兰西已经撤销了它的赦令，英格兰不会取消它的枢密院谕令。前面章节引述的麦迪逊先生信件的主要观点显示，他认为在赦令或者谕令撤销问题上，实际上一个列强并不比另一个列强有更多的诚意。尽管如此，合众国政府仍然服从于一个列强，反对另一个列强，开始重新实施《不交往法》，接着宣称实行禁运准备战争，最后宣布战争。然而整个世界都知道，并且没有谁比法兰西皇帝更加确信，《柏林赦令》和《米兰赦令》从来没有被正式、完全地撤销；与此同时，法国对于美国商业的暴行一直在继续，并且所有的赔偿要求一再遭到拒绝，直到1812年2月的最后一周这么晚的时候，麦迪逊总统暗示战争——针对法兰西而非英格兰的战争——或许证明只有这样才是让法兰西放弃暴行获得赔偿的唯一解药。但是，不管他的动机如何，他突然屈服于国内支持战争政党的喧嚣要求。此时，并且仅仅是到了这个时候，拿破仑才实际上取消了赦令。1812年5月，在麦迪逊总统建议实行禁运一个多月后，美国的敌对意图得到很好的理解，法国皇帝宣布一项赦令，第一次真正取消《柏林赦令》和《米兰赦令》。事实上，它标注的日期——"传说的日期"，一份英国官方文件这样说道——是1811年4月。但是，那不是实际的日期，关键在于，这个日期从来没有见到过阳光；关于它存在的任何暗示，从未告知过美国政府或者它的海外代表，直到合众国采取措施"争取他们得到英国尊重的权利"，而赢得尊重正是取消那些赦令的初始条件。它表面上的日期是1811年3月，即再次实施《不交往法》抵制英格兰的消息抵达法兰西的时间，但是它的所有意图和目的公布传播开来才是真正的日期，即1812年4月或5月，此时反对英格兰战争的最终决心已下的消息传到了法兰西。

　　此外，如果没有美国大使巴罗的压力，法国大使巴萨诺公爵不会公布这个暗中提出了一年之久的赦令。正如前面所引述的，麦迪逊总统在2月份给巴罗的信中写道：如果他期望中的处理结果"没有展示出法国政府的行为比以前设想得好，那么这个国家有，且只有一种情绪，我无需说它将会是什么情绪"。当处理结果来临，麦迪逊先生没有得到任何保证可以补偿过去法国的错误，也没有得到未来的承诺。恰恰相反，他了解到巴萨诺在最近写给拿破仑皇帝的一个报告中，仍然倾向于全力执行《柏林赦令》和《米兰赦令》，以反对所有中立国，因为这些中立国屈服于运载战时禁运品或敌人的财产时，不列颠人可以逮捕他们的船只。自然地，不列颠内阁没有丝毫怠慢，立刻对合众国提出她先前的承诺，证明合众国一直处在错误的立场上；此外，对于英格兰来说，普遍公正的做法应该是《不交往法》现在就废除。英国同时再次做出保证——很可能是以一种让人相当满意的口吻做出——如果拿破仑真的取消他的赦令，那么大不列颠就像她一再重复的那样，随时做好准备步其后尘，取消她的枢密院令。这对于麦迪逊总统和他的驻法大使而言是一个尴尬的两难困境。但是这个时候，总统的提名问题迫在眉睫，麦迪逊先生已经下定决心要做什么。确切来说他不是一只狼，大不列颠也不是一只羊；但是他使用的论据是一个虚构的证据。巴萨诺已经宣称赦令仍然执行，麦迪逊没有建议取消《不交往法》，就像大不列颠声称的她值得公正、有礼的对待那样，相反，他建议采取战争措施。但是，巴罗显然觉得，自己在逻辑性和一致性上要保持某种体面的克制。他敦促法国部长现在有必要由皇帝发表积极的宣言，宣布与合众国有关的赦令完全废除；因为巴萨诺最近断言，这些赦令仍然在执行，使得合众国对法兰西和英格兰都处于一种完全不合理的错误态度。巴罗表示，如果撤销只扩展到合众国，那么大不列颠将不会单独地取消它的枢密院令。在那种情况下，法兰西并没有失去她当前立场所拥有的任何好处，然而如果合众国被迫取消它针对英格兰的《不交往法》，所有的一切都会失去。巴萨诺很快即看清楚，认为有必要跳进带刺的灌木丛再次划伤他的眼睛，随即他公布了他的有着"一岁之龄"的赦令。当然，这个"一岁之龄"的赦令涵盖了所有的问题。但是它真的有一岁吗？过去有谁知道它？它从来没有公开过？不，公爵给出了否定的回答，它已经展示给乔纳森·拉塞尔，也就是当时的巴黎代办。对此，拉塞尔先生予以否认，尽管几乎没有必要进行否认。他不可能截留如此重要的信息，不向他的政府汇报。从他随后日子做事的口吻可以看出，非常明显，他根本不怀疑它的存在。他坚持认为，作为"国家荣誉"的一部分，法国赦令的取消一定发生在1810年11月1日麦迪逊总统发表的公告之前；此外，即使他真的知道法国部长确定取消赦令，他也不敢那样做，取消赦令是在麦迪逊总统的宣言发表 6 个月之后才做出，并且当时是秘密做出。

然而，似乎是要击败法兰西与合众国的所有这些阴谋，大不列颠于 1812 年 5 月立即撤销了她的枢密院令；当时巴萨诺公爵宣布 1811 年 4 月的勒令，即取消《柏林赦令》和《米兰赦令》，尽管迄今为止他们才考虑到美国船只。6 月 18 日的宣战消息还没有抵达英格兰，仍然存在着和平的机会。英国驻合众国前大使福斯特在哈利法克斯——他在回国路上停居此地——了解到枢密院令被取消了，他立刻采取行动，提出一个停战协议，提议在新斯科舍省海滩的海军指挥官之间，以及在加拿大总督和美国边境指挥官第尔本将军之间休战。然而，华盛顿政府拒绝同意对英格兰的敌意有任何暂停。但是，接下来进行了一些谈判，赦令和枢密院令都被取消了，已经没有什么可以谈判的了，只剩下强征入伍问题。对于那个问题，两个政府的分歧和以往一样南辕北辙，达成协议的可能性微乎其微。麦迪逊先生决定，仅仅是出于这个理由，战争就应该继续。在过去 12 年的任何时间里，它一直是进行这样一场战争绝佳的、充分的理由。但是它能否通过诉诸武力得以解决，这是一个可能和很可能的问题，对此，杰斐逊和麦迪逊迄今为止都被其控制着。它仍然是一个关键性的问题吗？随着结果的产生，答案也水落石出。两年之后，合众国政府乐意于接受一个和平条约，其中强征入伍问题甚至没有被间接提到。大不列颠没有只言片语放弃她所主张的权力，即可以登上美国船只搜查不列颠海员；合众国政府指令她的和平大使甚至不要过问这个她应该问的问题。

第二十章

尾　声

战争初期，麦迪逊先生在一封"完全私人并满怀信心"的信中对一位朋友说道，决定开战的过程"短暂而成功，这将让敌人相信他得到了整个国家的同意，而不是一部分人的同意"。如果这场战争被认为是一场政党的战争而不是人民的战争，那他自己将会非常失落，然而敌人可能会这么看待，对此他从来都没有找到好的解决办法。他不想倾听政敌的意见，也不愿听到任何灾难性的消息。韦伯斯特在战争结束前一年说道："如果战争必须继续下去，必须在海上作战。那就不要继续说，没有一艘开战以来你亲手建造的军舰仍然游荡在战场之外。如果你是在竭力争取海上的权利，那就走上可以捍卫这些权利的舞台……国家共同的愿望和努力将会与你共进退。即使我们的政党四分五裂，但是到了大海边上也会团结一致共御强敌……通过采取海上的手段维护海上的利益，你自己将会拥有全民族的热情支持,并且可能控制国家的全部资源力量。"我们这一代以现在的眼光看待那些年发生的事件,非常容易看到麦迪逊是多么疯狂,而他的政党对这些建议充耳不闻。他们的力量和智慧已经被18个月的陆上灾难所证明,陆上灾难使得战争一天比一天更不受欢迎;这也被一段时期海上的辉煌战绩所证明,每一次胜利传来都激起了普遍的热情欢呼。"我们海军的小胜利",这是总统描述海战战果时的讲话方式;在海战战果方面他看到的重要性似乎仅仅是,它们在英格兰激起了"愤怒和妒忌",并导致她增加海军力量。怎么才能让麦迪逊先生指望整个国家而不是国家的一部分能够支持政府呢?这个政府在经过18个月的战争之后,在国会大厅里受到指责,为什么开战以来没有动用一艘战舰。或者,他只是选择性地记住海军——迄今为止海军曾单枪匹马给国家的武装力量带来了胜利或荣誉——是联邦党人的创造,而无视杰斐逊(支持海军)的政策?显然,更加明智的做法是努力抚慰他一直处于担心和冲突之中的新英格兰,将新英格兰纳入海战中,对于海战,新英格兰怀有信心。她的大部分人民都会乐意于挣脱家里的懒惰和贫困去海上服役,尽管他们不愿意徒劳地去支援征服加拿大。

然而即使是为了这个目的,马萨诸塞州在1814年的第二次进攻中也比其他任何一个州都征召了更多的士兵;此外,新英格兰比所有南方州都征召了更多的士兵。只要麦迪逊先生知道如何将新英格兰的忠诚转化为优势,新英格兰就有可能给出强有力的证据表示她的忠诚。对此,他完全装聋作哑;但是当他听到新英格兰人正在认真考虑他们此前切身体验的、管理如此糟糕的联邦的价值时，他立刻变得耳聪目明。他很少通过说出过激的话来使自己放松，但是现在他不禁在写给弗吉尼亚的尼古拉斯州长的信中写道："那个地区的大部分人民在牧师的帮助下，被他们的领导人引入一个错觉之中，这个错觉在有记录的魔法史上无人能比；这些领导人在利用他们制造的错觉时，日益变得不顾一切。"这个"错觉"正在被考虑为实际的方向。麦迪逊先生在写这封信之前了解到在哈特福特即将召开一个会议，会议的目的是认真权衡孰重孰轻——一边是过去两三年里管理如此糟糕的一个政府的延续，另一边是联邦的价值。麦迪逊热切希望在根特举行会议的英美代表达成协议；似乎并没有充分的理由反对为什么不能实现这样一个和平，这个和平没有提到战争的原因，没有对过去进行赔偿，以及没有涉及未来的条款。但是，如果谈判代表碰巧失败，那么麦迪逊先生在哈特福特会议上将会看到即将到来的冲突的巨大阴影，它比对外战争更难处理。这是极其认真的形成北方联盟的第一步，麦迪逊非常有可能已经感觉到，他并不是能够处理这种危机的人选。麦迪逊信件的每一行都流淌着焦虑之情。信中唯一让人安慰的是，他判断如果没有"国外的合作，几乎不会发生叛乱和分离的风险"，此外，他希望大部分新英格兰人不会同意这样的海外合作。然而和平条约达成，拯救了他，也拯救了联邦。几周之内，政府文件都在嘲笑波士顿的哈里斯·格里·奥蒂斯，他已经开始作为哈特福特会议驻华盛顿的代表行事，但是随着和平消息的到来，他转身离去；政府随即发布广告说他失踪了，刊登的名字是提图斯·奥茨。然而，这是一种从可怕的恐惧中复苏过来的歇斯底里的大笑。

如果说连任总统的雄心让麦迪逊先生否定了自己的更好判断，转而同意对英格兰开战，那么他付出了沉重的代价。这是一个政党政客而不是一位政治家的行为，因为1812年的合众国并不比6年前更加做好战争准备，然而此时他作为一个政客同意开战，此前6年他作为政治家却一直反对对英战争。他将美国的影响力用于支持一个专制政府，该政府的目标是征服整个欧洲；他给一个列强设置了新的障碍，而欧洲主要指望这个列强对抗共同的敌人；此外，他同时采取这种做法的借口是，合众国对于一个列强的合理抱怨大于对另一个列强的抱怨。他对英宣战主要是要纠正一个错误，但这个错误在战争爆发前已经停止；他随后拒绝了和平的请求，因为另外一个错误仍然存在；但是，最后，正是根据他自己的提议接受了和平条约，这个条约对于这个所谓的开战原因甚至连暗示都没有。

如果有人说麦迪逊先生不是一个好的战争总统，无论从经受的培训或气质上看都不是，那么这是他的不幸而非他的错误。但是他的错误而不是不幸在于，他允许自己有朝一日被卷入多年来他的冷静判断一直都不同意的这样一种行为之中。关于他，一个通常、公正的评价是：他是一个性格非常和蔼可亲的人；毫无疑问，在生活中，在所有的纯粹的私人关系上，他诚实正直；他有着超出常人的智力，尽管并不才华横溢，却有着坚定的品质；他热衷于研究管理科学，使管理科学的实践变成了一个职业。但是，根据天性他更适合于做一个立法者而不是行政官员，此外，假如他的一生都只投身于最适合于他的政府立法部门，那么他的声望将更加完美无瑕，当然他的职位将不会那么尊崇。他不仅仅是为了总统的利益将这个国家卷入一场不必要的战争；而且，当战争掌握在他的手上时，他自己既不知道如何处理，也不知道如何选择真正明白的合适人选去处理它。

是否有人可以这样大胆地评价美国人，我们的一个厚道缺点是，我们所有的鹅都是天鹅，甚至是鹰；我们往往错误地把臭名昭著当做良好的声誉；大部分人的普遍观点是，不管采取什么方式取得杰出成就的人士，仅凭功成名就这个事实就说明他是一个伟大的好人。某种程度上，这对于麦迪逊先生而言并不一定是真实情况，其他担任过总统以及那些认为自己值得如此的人都是如此。但是，如果那个错误的评价环绕着他的名声，那么将会出现激烈的暗流，这个暗流普遍存在于分内之事或乐趣在于审视历史事件表象之下真谛的那些人士，他们认为麦迪逊缺乏坚强的性格和勇气。他并不缺乏洞察力，他能够看清楚什么是最明智和最好的措施；但是他过于容易受到其他人的影响，或者是受到了荣誉的引导，希望赢得他的雄心所渴望的某种光彩夺目的荣誉，这使得他转过身去无视自己的信念。正是这个弱点使得他踏入了超过他的身高的危险水域，在那里他所做的任何挣扎都毫无希望。如果他拒绝承担战争的责任——这场战争是由于他自己的判断所致，并且他可能知道自己缺乏将战争导向胜利和光荣结局的特殊能力——那么他有可能从来都成为不了总统，不过他的名声可能会更高一个层次。历史可能已经忽略了在他早期职业生涯中的变化无常的政治行为，它们遭到了他的许多同时代人的激烈抵制。变换政治门庭普遍存在、无可非议，没有人认为这必然是一种过错；无论动机是什么，一个政治叛逃者必定受到了基本动机的指引，很难说它是否有积极意义。就麦迪逊的情况来看，从事后而不是从当时的证据看，他有可能得到一个公正的裁决。但是，在对英格兰宣战之前的两年里，总统对外交事务的管理，既没有疑问也没有错误；在安排国家的道德和物质力量应对他自己制造出来的危机时，他也没有显示出明显的能力不足。

因为普遍地反对战争，所以反对陆军和海军，这是杰斐逊政治学说的基本原则。非常奇怪，麦迪逊先生无视于这个原则的逻辑后果；他不能看见或者他不能考虑到，当采取战争行为似乎适合于政府时，它的结果主要是取决于成功地寻求人民的支持和帮助。但是，他不明智地寻求征召和雇佣一支军队，去入侵和占领敌人的领土，而不顾这个国家最富裕、最聪明民众的大部分人的反对；与此同时，他拒绝看到海战方面的任何前途或任何征兆，海战创造了意想不到的辉煌，如果任其继续下去，原本可以确定会得到公众支持。他的名声和他的大众头衔，取决于他是共和国早期的总统之一这个事实。但是在他的公职生涯中的这段时期，他最少得到同胞们的感激和尊重。

1814 年 8 月华盛顿陷落，这场战争最为羞辱的时刻来临。不列颠舰队司令科伯恩带着一群随从进入国会大厦，他跳上议长的椅子叫道："扬基民主的老巢要烧毁掉吗？对它唯一的回答是，烧掉！"战争开始时麦迪逊给杰斐逊写信说，"我们并不担心陆上的入侵"——这似乎是总司令曾经应该担忧的一件事，他唯一的目标是入侵和征服敌人的领土。他全身心地投入这个计划，排除了其他组织进攻或防御的任何想法,而不顾接二连三的败仗,并几乎达到了痴迷的程度。他给杰斐逊先生表示信心的那一年,从长岛到密西西比河河口的整个海岸线都被封锁。在华盛顿被占领的一年前,切萨皮克湾海岸遭到封锁军队骚扰、劫掠和蹂躏,人民几乎降到了被征服国家的境遇。在不列颠司令官罗斯和科伯恩抵达波托马克河的两个月前,当时身在伦敦的加拉丁先生曾告知麦迪逊总统,不列颠舰队正在调兵遣将准备夺取华盛顿;但是无论总统还是国会都没有采取任何有效的措施,以应对如此迫在眉睫的危险。他们的眼睛只关注着遥远的北部边界,而在波托马克河只有500人的常规军队,他们是一群没有经过训练的民兵,从来没有听过子弹的呼啸声,此外,还有几艘炮艇在守卫着国家的首都,抵抗着不列颠的舰队。不列颠舰队有着1000名海员,以及从威灵顿最精良的军团里派来的3500名精兵。麦迪逊总统同陆军部长、国务卿,以及司令官逃往一个方向;麦迪逊夫人则逃往另一个方向,她的手提袋里装满了她逃离白宫时仓促收拾的银器[1]。他们逃离之时,身后的地平线上火

---

[1] 保罗·詹宁斯是麦迪逊先生的奴隶和仆人,在他的《回忆录》中说道:"出版物上经常说麦迪逊夫人逃离白宫时,是她自己从画框上取下华盛顿的巨大画像(现在放在白宫的一个客厅里)并将它带走。这完全是假话,她根本没有时间这样做,要取下它得有一个梯子。她的手提袋里所带走的全是银器,因为不列颠人被认为就在几个街区之外,并且随时都可能到达。约翰·苏斯(John Suse)(一个法国人,当时的看门人,今天(1865年)仍然活着)和总统的园丁马格罗(Magraw)取下了它,将它放在一个马车上带走,此外还有一些大银壶,以及其他能够迅速收拾好的值钱物品。不列颠人抵达之后,他们把我为总统宴会所准备的晚餐给一扫而空,酒也给喝(转下页)

光冲天，国家最大的海军船坞和首都所有的公共建筑（只有一处例外）都葬身于火海之中。当初麦迪逊判断认为根本不用担心入侵，这些事件可谓是一个令人惊奇的注脚。

这场痛苦的战争一直被愚蠢地称为第二次独立战争，它在4个月之后降下帷幕。从来没有哪次和平像这次和平那样，受到了双方一致欢迎。同拿破仑的长期战争使英格兰精疲力竭，同合众国的战争实际上与之并没有两样，现在这场战争终结，不列颠内阁不可能听不到商业和制造业阶级的要求。美利坚则洋溢着一派欢乐的气息，联邦党人和共和党人都忘记了他们的分歧和怨恨，拥抱着对方一会儿哭一会儿笑，像女人一样相互亲吻。一派高兴于摆脱了灾难，如果灾难持续的时间更长，那似乎只有一个绝望、可怕的补救措施；另一派则喜出望外，因为合众国从一个错误中脱身出来，这个错误是一条通向国家毁灭的笔直、宽阔的大道。在所有人中麦迪逊先生最有理由高兴，高兴于从由于他缺乏远见和坚定所引起的重压之下安全脱身。他余下的公职生涯尚不到2年时间。在这个短暂的时期里，大部分是在忘记，更多的则是进行宽恕——就像我们国家通常的方式那样——随着一个生龙活虎、勤劳勇敢的人民的能量得到释放，一个伟大的繁荣前景将迅速实现。他不必再次在自己政党的不同派别中做出选择，也不再执行一项有违

（接上页）光了，如此等等。"在上一页他讲述道："麦迪逊夫人要求，3点钟时就得像平常一样准备好晚宴，我一个人收拾好桌子，取出麦芽酒、苹果汁和白酒，把它们放到冷藏间，因为所有的内阁成员、几位军职人员，以及几个陌生人将会出席。"

令人敬畏的反对派意志的政策。在国内和国外事务的演进过程中，联邦党人几乎没有留下痕迹；所有存在着直接而重大分歧的问题都消失了，执政党继续掌握着权柄，并几乎拥有无可争辩的优势。当时民主党采取的最重要的措施是，坚持建立国有银行，实行保护性的关税。对于建立国有银行，麦迪逊先生认为有违他自己的信念，即任何法律条文都应该在《宪法》中找到出处；此外，为了增加财政收入、保护和鼓励美国工业，他赞同他自己政党的提议，将一项关税建议变成了实际的政策。

差不多有20年时间他退隐于蒙彼利埃——一个他绝少拼错、并非美语拼写方式的名字——他享有的特权就是作为一个警惕的观察家，注视着自己国家的繁荣。是否在他的灵魂深处他并没有看见在他的巅峰时期，他曾采取了什么措施抓住了这次繁荣。他更乐意于记住并不时向其他人回忆起，自己在这个年轻共和国的襁褓时期所做的哺育工作。对于他自己的政府和当时发生的事件，他说得很少，而是更乐意于滔滔不绝地去解释《宪法》、《宪法》制定者的真实意图，以及影响他们考虑的环境因素。他的书信集显示了他作为立法者和基本法研究者脑海里的个人倾向；对于《宪法》的贡献而不是作为这个国家首席执行官的能力和成功，奠定了他的名声。

这20年尽管在退休中度过，但并不是悠闲的20年。1827年他写道："我很少发现在我的公职生涯期间，我的时间不在处理公务，比我离开公职之后还要繁忙，我也没有发现，随着我处理事务权力的必然降低，对于它们的需求并没有成比例地减少。"对于早期的问题他写下了大量的文章;同样,对于当下的问题也没有不让他感兴趣的事项。关于奴隶制这个问题,他不停思考,笔耕不辍,并且总是非常热心,充满人道主义精神。如何解决这个问题,他从来没有找到令自己满意的答案。尽管这是他一直渴望看透的问题,但是他从来没有悟得真谛,他设想的废除奴隶制的方式并不是实际废除奴隶制的方式。他这个奴隶主有多和蔼,保罗·詹宁斯可以作为证人。他说:"我从来没有看见过他发脾气,也从来没有听说他打过一个奴隶,尽管他的奴隶超过 100 个;他也不允许监工这么做。"如果奴隶做错了,他会指责他们;但是,詹宁斯补充说,他"从来不会在其他人面前让奴隶们丢面子"。人们会记得他第一次作为候选人竞选公职时,拒绝沿袭弗吉尼亚普遍存在的"招待"选民的习俗。当时支配着他的这个原则,他一生都在坚持;此外,他的信件对禁酒运动显示出极大的兴趣,在禁酒运动的每一个阶段他都在身体力行。詹宁斯说:"我认为他这一辈子喝过的白酒不超过 1 夸脱。"这个目击者说,当"餐桌上饮用烈酒的客人强烈要求,他无法随意享用马德拉白葡萄酒"时,他在整个晚餐期间所喝的也只有一杯白酒,而这都用水稀释了。考虑到喝白酒的次数,即使是对于禁酒事业最热心的现代支持者,它都有着某种意涵;但是,这些现代支持者必定非常乐意于知道,"他在最后 15 年里滴酒不沾"。鉴于他自己的健康状况总是欠佳,这有可能导致了他的戒酒;但是更加值得注意的是,50 年前像他这样占据高位的人,他对于这个问题一直坚持着他当然会持有的开明观点;此外,关于禁止制造和销售烈酒的问题,仅仅是由于怀疑它们实施起来的可能性,这似乎阻止了他提出相关法律。

他对讨论社会和道德问题都有着同样明显的兴趣，并不带感情和偏见。对于民主而言，他不仅属于民主党，还属于现在已经消失了的民主党派，该派认为人类努力的最高目标是改善人的状况，以及确保每个人都拥有属于所有人的权利。他并不同意罗伯特·欧文的做法，但是他并不反对欧文的计划，并不因为它们刚刚提出未经试验而认为它们必然荒谬无比。人们也不会从他与弗朗西斯·莱特的通信中找到臭名昭著的范尼·莱特，按照这个世界的方式，她被认为是声名狼藉和有可能邪恶的女人，因为她建议在社会关系方面进行一些激进的改革，她认为这是一个得分项。他对公共教育给予了极大关注，在他的整个晚年，他所能施加的所有影响力都投入到了弗吉尼亚大学的建立与发展事业。他认为教育是国内自由的真正基石，共和国的福祉和稳定建立在它的基础之上。非常有可能，仅仅是因为不同肤色预示着教育状况不同，他当时曾经在不同肤色的人群之间画了一条界线。但是，他并没有对性别做出这种区分。63年前，他看到他的方法非常清楚地解决了一个问题，这个问题现在对于许多胆小的人而言是一种痛苦的实验。他说，"女性的脑子"有能力接受最高等的教育，这不应"受到怀疑，这种能力已被它天才、博学和科学的工作所充分证明"。他认为，这种能力与权利相伴而生。简言之，自从他的时间深深地和这个国家结合在一起，他总是准备公平地考虑与社会福祉有关的问题；此外，他倾向于更多地从改革者的视角来观察它们——改革者希望由于他自己的存在而使得身后的世界更加美好和幸福。

保罗·詹宁斯说："我觉得麦迪逊先生是世界上最优秀的人之一。"这是一个聪明人士的表白，他有机会了解麦迪逊的个人品质，比除了麦迪逊夫人之外的任何人都更深入地了解他。希尔德雷思说："他犯下了一个国家的领导人有可能犯下的最大政治错误和罪过。"一方看到了一位私底下的绅士，他总是追求道义，考虑他和其他人的私人关系；另一方则是在评判一个公众人物，他受到了雄心的驱使，同党派利益纠结在一起，并考虑着党派的责任，他的道德观被实现政党目标所必需的政治妥协给蒙蔽了。想在这两种相互冲突的评价之间努力寻求合理的平衡，这并不是不可能，尽管一边是仆人的观感，另一边是博学多才、明智审慎的历史学家的评判。

麦迪逊先生留下了一份遗言，名为《给祖国的忠告》，要求在他死后发表，将其"视为来自坟墓，在那里受到尊重的只有真理，受到关注的只有人类的幸福"。这是他一生的真知灼见，因为他希望他的同胞理解它。他说："最贴近我的内心，在我信念最深处的建议是，各州联合而成的联邦受到尊重，永世长存。让联邦的公敌被视为盒子已被打开的潘多拉，让伪装的敌人成为魔鬼，伴随他致命的阴谋诡计一道哭着进入天堂。"细心的读者翻回到这本书的第一页时，可能会回想起麦迪逊先生逝世的日期，他不可能注意不到，对于这些公开和伪装的敌人，留给他们的年份少之又少，他警告他的同胞反对他们；他们只存在于那个他曾经做出过巨大贡献，从接受《宪法》之日起就执掌政权的政党里面。